岛屿人生

Island life

海口30年，
30人

主编：王凝

1988~2018，献给三十而立的海南省

海南出版社
HAINAN PUBLISHING HOUSE

图书在版编目（CIP）数据

岛屿人生：海口30年，30人 / 王凝编 . -- 海口：海南出版社，2018.5
（遇见海口　最美时光）
ISBN 978-7-5443-8418-6

Ⅰ . ①岛… Ⅱ . ①王… Ⅲ . ①文化史 – 海口 Ⅳ . ① K296.61

中国版本图书馆 CIP 数据核字 (2018) 第 135860 号

岛屿人生——海口 30 年，30 人

主　　编：王凝

责任编辑：卫淑霞　吴馨
视觉设计：黄丹（重庆回想科技）

出版发行：海南出版社
地　　址：海口市金盘开发区建设三横路 2 号
邮政编码：570216
电　　话：0898-66816563
传　　真：0898-66832763
网　　址：http://www.hncbs.cn

经　　销：全国各地新华书店
印　　刷：海口恒久彩色包装印刷有限公司
本书如有破损、缺页、装订错误，请与本社联系调换

开　　本：890mm×1240mm　1/32
字　　数：146 千字　印　　张：10.5
版　　次：2018 年 5 月第 1 版　印　　次：2018 年 5 月第 1 次
书　　号：ISBN 978-7-5443-8418-6

定　　价：58.00 元

五光十色的人生故事 织就海口 30 年

韩少功

约 30 年前的海口是什么样子？作为一个亲历者，当时我常遭遇大面积停电的黑暗长夜，居民都必备油灯或蜡烛，店铺前则常见黑烟滚滚的柴油发电机。很多城区主干道尚无交通信号灯，排泄雨水则靠路两边的泥沟，而不是地下管网。人们在电视机里看不到当日的央视新闻，因为微波信号传输止于海峡那边，相关节目得在湛江录制，靠舟车送达后才能在本地滞后播出。海甸岛、金盘区、龙昆南路、南海大道、滨海大道……都还是一片农田或荒坡，人迹稀少，乱草横陈，时有野兔或火鸡出没其间。

约 100 年前的海口又是什么样子？据夏寿华先生《琼游笔记》（2014 年）等资料记载，当时的海口仅是个渔村小镇，居民不过万余。人们哪怕是去不远的府城或秀英，也无车道相通，常得借助于舟楫，其行程曲折而漫长。前往内地就更困难了，往返于香港与海防的外轮船期不定，即便停靠海口，也因本地港浅沙淤，只能泊于 20 里外的海上，靠飘摇小船在风浪中接载旅客。所谓实业，除一些农渔产品上市，最著者无非酒馆、娼寮、戏院 3 项。于是除得胜沙一域人气略旺，其余皆市井萧条，棚户颓败，饥民聚散，时有无裤的少年和老人一身黑亮亮的流落于途。

在漫长的历史中，100 年、30 年都是何其短暂的一瞬。然而说来令人难以置信，一个伟大的人类故事事实上就发生在这一瞬，成为“三千年未有之变局”的一部分，成为中华民族伟大复兴的一部分。今天，历革命、建设、改革的百年苦斗，时值海南建省 30 周年，海口以群楼竞立、车流滚滚、华灯彻夜、地绿天蓝的全新景象，已一扫诸多贫困、肮脏、混乱的旧日残痕，而且拥有“全国文明城市”“全国卫生城市”“中国魅力城市”“中国最具幸福感城市”“中国优秀旅游城市”“全国环境保护模范城市”“全国园林城市”“国家历史文化名城”等荣誉称号，已成为一颗璀璨的南国明珠，成为本地居民和外地旅客共享的美丽家园。

这个故事不是天上掉下来的，是众多海口人熬出来、扛出来、打拼出来的，由各种五光十色的人生故事织就。无论成功还是失败、坚守还是逃离、欢欣还是忧伤、自信还是迷惘……他们在这一片热土上的酸甜苦辣和摸爬滚打，已灌注于一个城市坚实的成长足迹，沉淀为中国特色社会主义宏伟大业的一砖一石；在某个夜深人静之时，还将潜入他们挥之不去的梦境，化为他们在未来日子里的血温和表情。在这个意义上，海口不仅是群楼和车流，不仅意味着诸多经济发展成就，更意味着一种精神和文化的传说。总是伴随那些过去的、现在的、将来的椰城男女，一再唤醒他们心中亲切的椰风海韵，讲述一种创业者和奋斗者的特区城市风骨，讲述一种“生活在远方”——其实远方每天都在足下的寻常故事。

远方来自足下的向前眺望。

足下也是远方的真切绽开。

由中共海口市委宣传部组织编写的这一本采访实录《岛屿人生》，就是献给海南省三十而立的生日贺礼。

也是献给千万远行人的再次鸣笛启航。

2018 年 2 月 16 日于海口

目录 contents

◎ 1988 年 4 月 26 日，中共海南省委和海南省人民政府正式挂牌。

摄影：黄一鸣

◎ 1988 年，10 万人才下海南，海口东湖人才墙前人山人海。

摄影：黄一鸣

◎ 1992 年，海南投洽会在海口金盘工业区隆重开幕。

海南省二轻总公司祝来宾
广交天下朋友
促进国际经济贸易发展（省贸
河南省信阳地区人民祝海交会圆满成功
“法国”法雅娜海藻高级系列化
三亚市轻工业品纺织品进出口公司是您最佳合
三亚市工艺品进出口公司祝海交会
通什市海外贸易外经集团公司欢迎海内外人
海南琼港摩托车股份有限公司祝贺海交会
三亚市对外经济开发公司欢

摄影：黄一鸣

◎ 1993 年 4 月 13 日，海南航空引进的第一架波音 737 客机到达海口机场，结束了海南没有航空公司的历史。

摄影：黄一鸣

© 2003 年 8 月 1 日，世纪大桥竣工通车。

图片提供：图虫创意

◎ 2009年6月10日，海口骑楼老街以其唯一性、独特性荣获首批十大“中国历史文化名街”称号。

图片提供：图虫创意

海镇之恋

［台湾］罗门

啊！那海镇

如南方巨人蓝色阔边帽上一粒明亮的宝石

我小时的指尖曾捕捉它的光辉。

长年它坐在蓝色的荫影里宁静似梦，

日间看风帆的羽笔，写闪耀的诗行于无边的稿纸上，

夜间听月光谱曲在和谐潮水声里

渔夫破晓踏它潮湿的码头出海，

傍晚收网又走过它淋着夕阳的街上，

那海镇有大鱼大虾，和平与恩爱，

有父亲的拖轮，船坞与货栈，

有许多欢笑涌过来似浪，

有我童时被战争割断了的幸福之泉，

如今已无法流回它那里！

燃情岁月

印刻者

摄影：孟祥光

海南给了我公平竞争的平台

封仪 ／ 北京风仪坊文化传播有限公司董事长

海口珍物

《封语江湖》和《海南往事 1987》

可以说，我在海南闯海的那段时光就是一段传奇。我写的 2 本书中，《海南往事 1987》是一本关于闯海历史的纪实小说，另一本《封语江湖》则是我关于海南的点滴记忆和生活写实，里面都是我生活在海口那段时间经历过的故事。关于海南的人、事和记忆我都放进了这 2 本书里。

我认为我们闯海的这段波澜壮阔的历史无可复制、可歌可泣。我理解的闯海，并非狭义地说是闯海南，而是闯经济的蓝海。这需要无比的勇气和信念，这种精神在任何时代都有激励生活的意义和鼓舞人心的力量，闯海不应该被遗忘。现在离我们闯海已经 30 多年，这段历史如果我们自己不记录下来的话，日后没有人会写，这段历史就会被慢慢淡忘，所以这 2 本书对我来说意义非凡。

扫描二维码，
观看《岛屿人生 · 十问封仪》

封仪自述

我学的是日语专业，到海南之前我是日语翻译。第一次登岛是1987年11月22号。第二年，也就是1988年的1月12号，我拖家带口，举家南迁到海南。

在海南，没人知道你的昨天，也没人想知道你的昨天

我上岛后第一份工作是望海国际大酒店翻译部的经理。

那时候别人都去找工作，但我不是。当时我穿着一套廉价的西装，扎着领带，拎着公文包，敲开了望海国际大酒店董事长老连瑞的门。那时候去敲他门的人太多了，他很反感，很不耐烦地问："干什么？"我说："跟你谈一个合作项目。"他从我的头上望到脚下，估计是看见我有个包，一点头就让我进去了。进门后还没让我坐，我就主动坐下了。

之前我一直在做日语翻译工作。我心想，海南要改革开放，要对全世界开放的话，会有很多外国人来，也包括日本人，酒店就会特别需要翻译。我跟经理说："咱们俩合作，做一个翻译公司如何？"这个老连瑞经理很快跟我达成意向，先共同组建一个翻译部，再从长计议。于是我马上招兵买马，当天就招了 3 个人。从早上敲开老连瑞经理办公室的门，到当天晚上，我就成了望海国际大酒店翻译服务部的经理。

不仅如此，老连瑞经理还给了我一套房子住。所以我是当年闯海人里很少拿到房子住的人。有了一个小窝，我就把老婆孩子接过来了。我记得非常清楚的是，登岛那天是我大女儿两周岁生日。她可能是年龄最小的闯海人。

第一次到海口，我是带着蛇药去的。因为我怕蛇，去之前我以为海南岛是个蛮荒之地，所以很担心遇到蛇。虽然怕蛇，但是我决心要去闯，因为原来的单位对我不公平。以前上大学的时候，请假未获批准我就偷偷跑到广州玩，所以学校给了我一个严厉的处分——"开除学籍留校观察一年"。留校察看一年并不可怕，可怕的是档案里的留下的评语是"欺骗组织"。我知道未来就这样断送了，我以后不可能再有什么机会。所以一有机会我就投奔海南去了。海南给了我一个跟别人公平竞争的平台。在海南，没有人歧视你，没有人知

道你的昨天，也没人想知道你的昨天。

不是奔着高薪去的，是带着理想去的

记得初次上岛的心情很复杂，知道大变化就要来了，但不是那种山雨欲来的感觉，而是感觉未来充满了生机。当年我们不是奔着高薪去的，是带着理想去的。那时候没有人谈未来工资可以拿多少，未来有没有发大财的机会。闯海人当中理想主义者居多，我也是。还记得，我上岛那天，坐船过海看到对岸岛上朝阳升起的时候，大家都站在船甲板上兴奋地唱歌。

我在海南经历了几个转折。记得 1989 年海口国际马拉松比赛，那是海南建省之后第一次国际比赛，我有幸担任组委会首席日语翻译。因为这个机缘，当年的文体厅副厅长陈克勤把我调到了文体厅。1989 年之后，日本客人来得相对少，我在文体厅工作了两个多月就出来了，自己组建了海南第一家大型公共关系活动中心。那时候我们经常搞一些大型的钓鱼比赛呀，棋牌大赛呀，还有很多派对，得到了各方面朋友的支持。那阵子俨然成了一个有名的“公关先生”。

后来我到了“琼民源”，开始做琼民源友好部的部长。其实海南不单是证券市场，在很多方面都是中国的排头兵，就说民营企业吧，很多民企都是从海南发展起来的。海南是民营企业家的“黄埔军校”，它培养了大量的民营企业家。海南的企业基本上就是土生土长的，野蛮成长起来的企业，这些企业创业时没有任何背景，完全就是用自己的能力，自己的资源，闯出了一片天地。

因为海南当时的政策宽松，使很多有想法有胆识的人，后来成为了成功的企业家，这是海南这块土壤给我们带来的独特礼物。现在全国很多行业领军的前 10 位人物中，我估计至少有四五位是有“闯海”经历的。海南是一片肥沃的市场经济的土壤，让他们在这片土地上成长起来。

我特别喜欢海南，不光是这里的海树椰风，关键是它有一个公平的环境，很包容，人与人之间有温度。记得刚来海南的时候，街上充满了热情和希望，有的人已经饿了好几天，还一脸顽强和富有激情的样子。这些都是我喜欢的。

海南是一个适合自由生长的地方。像冯仑先生说的“野蛮成长，尽管没人关照你，但饿不死你”。

我想做一个闯海人的故事森林

有的闯海人可能上岛几年后就离开了，有的来了就没走，但对于任何人这段经历都是终身难以磨灭，受益无穷的。我一直在想，海南给了我们这么多，我们要如何去回报海南？所以去年 7 月份，我召集闯海人做了一次反哺海南的小事，我把当年闯海的音乐人组织回海南，搞了一场晚会。又请了一些企业家，在海口的西海岸做了一个闯海座谈会。

对于我们这些闯海人来讲，闯海的回忆挥之不去。我一直倡导，搞一个闯海文化论坛。这个论坛可以给后辈们留下一点东西，让他们知道老一辈有这些难忘的经历。这本身就是一种文化传承，一种闯海精神的传承。

另外咱们西海岸有一个五源河森林公园，我提议在那里种植 1 万棵树，树前放一块铜牌，铜牌上写着某某人某年某月登岛，今天在哪，再留一句话。不妨弄一些大树，我们共同出钱给那些已经离开这个世界的闯海人种一棵树，放一个牌子写上他们的简介、他们的故事。于是这个森林公园就有了故事，而且每一段故事都很精彩。这会是一个特别有意思的闯海人的“故事森林”。还有人提议做一面闯海墙，也是个好主意。每个人在墙上留下手印，留下签名。

当年我们太勇敢了，那时候找不到工作的待业青年满大街都是。而我们能毅然决然地丢掉工作下海去，是多么勇敢的举动。记得当年我妈妈听说我辞职了，在电话那边哭，说以后你老了，谁养你呀？ 然后，我们突然来到一个蛮荒之地、陌生之岛，开始新的人生，这是需要勇气的。所以这伙人的故事是值得书写的。我真心希望我的朋友们记录当年闯海的勇敢举动，无论是以什么形式。这本身也是对海南的一种反哺、一种怀念。另外对于闯海人来说，也希望有一天能够回去，能够找到一个寻根的地方。

闯海人的年会

从 2009 年开始，每年腊月二十一，我都在海口做一场“闯海人新年招待会”。邀请当年一起闯海的朋友聚一聚。每年这个时候，有的人从大陆回来，有的是“定海神针”。“定海神针”这个词挺有意思的，我们来闯海的人，有一批来过转身走了，叫闯海人，还留在海口的叫“定海神针”，比如蒋会成、冯川建、赫连他们，真的就是定海神针。

“闯海人年会”这个活动的想法最初是李少君提出来的，我一听觉得太好了！现在这个闯海人招待会已经做到第九年。每年一次，把曾经的闯海人聚集在一起，留个念想。老闯海人聚在一起又开心又兴奋。我特别感谢李少君给我这个提议，给我这个机会。

海口的一切都令我难忘。当年那种吃了上顿没下顿的窘迫令我难忘，当年闯海的朋友令我难忘。这中间有些人没能坚持住，不知道他们现在怎么样。其实我们应该设立一个基金，对那些过得不太好的“勇士们”，有一点点的帮助。他们不是失败者，当年一起过海的都是勇敢者。闯海不应该以成败论英雄，因为它本来就是一种深入骨髓的勇敢。

我特别怀念当时闯海时的那种氛围和情景，为了心中那个模糊的目标和理想来到一个地方，在那样的条件和环境下，造就了那样一个人群，各自打拼奋斗但又互相扶持、相互鼓励。可能因为这个原因吧，希望那个时候有过共同经历的人们现在能经常聚聚、不忘初心。所以，我还做了几件事，一是在北京租用了柳荫公园的中心岛，命名为“风仪坊”，所有在北京的闯海人都知道，这里是闯海人的大本营。二是在每年腊月和次年正月之间，我会回到海口，召集一次闯海人的聚会聚餐。三是成立了“岛友会”的线上群，使这个聚会从线下走到了线上。“岛友会”的线上群目前已经发展到几十个，除了总群之外，散落在全国各地的闯海人还派生出“岛友会”分群，后来各个不同的行业又派生出行业内的岛友会分群，可以说现在岛友会已经是闯海人在微信上的一个家。今年恰逢海南建省 30 周年，我希望能在这个特别的时候再搞一次闯海人聚会，让闯海人勇敢自由的精神不断得以放大和传承。

当年我们南下，海南接纳了我们，包容了我们，给了我们生存空间和发展机会。我在海南奋斗的那几年，海南给了我一个公平竞争的平台，让我学习、让我锻炼，给了我成长所需的一切因素，还给了我第一小碗金。我对海南充满了感激，永远也忘不了海南给予我的一切，我希望回馈海南、为海南做些什么。

寻人启事

我现在特别想一个人，一个叫余味的孩子。当年他在我家住，但是一直没找到工作，所以就要回去，走之前我给了他几百块钱。突然有一天，接到他的消息，他告诉我，说回去后家里房子没给他留，原来的工作单位也不接受他，他说没办法，他说死也要死在海南。可惜后来这个孩子不见了，我不知道他去了哪儿。总觉得他应该还在海南，我特别想找到他。

摄影：潘石屹

我们不是神话，我们演绎了一个创业童话

冯仑 / 万通控股董事长

海口珍物

换地权益书

我的珍物是政府当年发给我们的换地权益书。虽然现在已经毫无价值了，我还是留着。当年海南房地产泡沫破灭以后，政府说之前的那些地都不算了，每块地给你们折算多少钱，将来你要再开发的时候给你兑换成等值的钱。记得当时给我们换了几百万，到现在其实已经一分钱不值了。但我一直保留着这些小本本，用它来提醒自己，第一“投资有风险”，第二“做事要规范”。

扫描二维码，
观看《岛屿人生 · 十问冯仑》

冯仑自述

我是 1959 年生人，祖籍浙江嘉兴。我在西安出生，1977 年考大学，是文革后第一批大学生。后来我到北京读研究生，从硕士到博士毕业。毕业后先是在中央党校教书，后来在中宣部工作，再后来到了国家体改委，然后就出来做生意，去了海南。

我去海口的时候正好是 10 万大军下海南，这座城市给我最初的印象是“躁动”，狂热的躁动。第二个印象是经历了 1990 年前后的房地产大潮之后，在宏观调控下，房地产泡沫破灭之后，整个城市都是半截子楼，全是烂尾楼半拉子工程，感觉就是“破败”。再后来给我的感觉是“安静”，破败时间长了，该走的走，该来的来，一切归于平静，城市就安静下来了。现在给我的感觉叫作“复苏”，海南正在经历一个生态的回归，我相信未来的海口会变得更美丽、更健康、更快乐。

在深圳招了一个叫作潘石屹的员工

我是 1987 年 12 月到的海口。当时海南要建省的消息已经传出来了，我在中宣部研究室工作，我们司长组织去广东调研，包括珠海、佛山、广州、深圳这些城市，调研的过程中就到了一趟海南岛。我记得当时还是坐广州空军的飞机过去的，那时候航班少，在飞机上还有人在小马扎上坐着。

当时的海口很热闹，闯海南的人特别多。我正好有一个叫作李永春的同学在海南给省委书记许士杰当秘书，他跟我曾经是同事，又是同学，我读中央党校的时候还是我的老师。我第一次到海口就跟他聊，后来还见了廖逊、张高波，张高波当时给省长梁湘当秘书。后来再去的时候，我另外一个同学迟福林也去了海南省体改办。

第一次去海南的时候是调研，没打算过去。到了 1988 年四五月份的时候，迟福林跟我说海南要筹建改革发展研究所，说让我过去，我就去了。过去以后他是体改办副主任、研究所所长，我就做常务副所长。这算是正式到了海南。当时我的关系还在国家体改委，算是借调过去的。

到了研究所以后，当时算是副局级单位，有正式的编制 80 个，还有 40 个改革编。所谓改革编就是有编制，但是不发工资。那么工资怎么来呢？当时研究所下面还有一个贸易公司，这个贸易公司由一个叫江长喜的人在办。为什么会有这个公司呢？因为我们研究所拿到了一个 10 000 台彩电的批文，让我们倒腾这批彩电做贸易，用赚的钱来养活有改革编制但是不发工资的人，这真是改革。可是我又不会做生意，所以我们下面的公司就由江长喜来负责。后来这个公司在深圳招了一个员工，这个员工叫作潘石屹。当时我跟潘石屹相当于是同一个单位的人，但是不熟。

从 1 个人到 6 个人，因为理想走到一起

我们这几个人认识的过程很有意思。功权当年结了婚有了孩子，利用这个契机跟单位说照顾老婆生孩子，偷跑出来，在广州流花宾馆至海口的大巴车上碰到了一个叫刘军的人。刘军那时才 21 岁。当时从那儿坐车到广东徐闻、再坐汽车轮渡去海南要 16 个小时，这 16 个小时得聊多少事。到了海口，两个人都没钱，也不认识人，就做了一个约定，谁先找到工作别忘了找另外那个人。结果功权先找到工作，然后就满海口到处去找刘军，把刘军招到他那个公司。他俩要不互相认可、互相欣赏那是不可能的。这有点像当初革命热血青年去延安一样，他俩就这么成了好兄弟。

后来改革发展研究所开始招人，招的第一个员工是王启富。再后来我又招了易小迪，通过王启富又认识了王功权，通过王功权又认识了刘军，到这个时候，6 个人就算齐活了。其实没做生意以前我就认识王启富、王功权、易小迪、潘石屹，但是不认识刘军。功权认识我，王启富、刘军，不认识易小迪。大家有交叉。王启富是一个纽带和桥梁，把大家给拧到一起了。那个时候他们才多大呢？刚毕业不久，二十三四岁，我大点，也不到 30 岁。但是这也决定了我们后来这 30 年故事的一个基础。我们之所以认识，跟现在的很多创业者有点不一样：我们不是因为挣钱认识的，我们是因为理想认识的，这很有意思。

当时改革发展研究所的主要工作是给海南政府做社会经济的研究、咨询和战略方案。我们当时招人，招聘的条件有 2 个——有知识和有梦想。

第一个招聘条件就是要有某个行业的专业知识背景。我们受教育比较完整，都是大学生、研究生，大部分还学过两个以上专业。我在西北大学、中央党校和社科院读过经济学、政治和法律；启富在哈工大和中国政法大学读过机械和法律；小易在北师大和人大读过地理和区域经济；另外刘军是北工

大毕业的，功权是吉林工大的，小潘是（中国石油）管道学院。大家都有一个比较全面的知识基础和结构，愿景和价值观也很一致。

第二个招聘条件就是你得有理想，愿意做这样一个坐冷板凳的事。当时我们的共同目标特别简单——用知识参与改革，改造中国。真的很宏大！改变海南，改造中国，做研究的人都有这样一个愿景。事实上到最后我们的确是因为价值观高度统一才走到一起的。

比如启富当时为什么一定要介绍我跟功权认识，而不是别人？当时他是这样跟功权介绍我的："有一个哥们跟你一样很有理想，特别能干，人又特别好，你必须认识他。"我们就这样认识了。再比如认识易小迪的过程，有个人在我们这儿介绍小易，然后我就到中国人民大学跟小易见面，小易又到中央党校跟我聊天。我们反复地交谈过很多次，然后就确定了我们在改革发展研究上有一个共同的目标，价值观很一致，一拍即合。小潘本来就在我们单位下面的公司里做事，所以后来他跟小易和启富比较熟。再经过他们进一步的介绍，我们通过多次深度交流和了解走到一起，关系变得越来越近。

这 5 个兄弟每一个的性格都不一样，功权忠厚，小易仁爱，刘军耿直，小潘善学，启富专注。我认为自己比较豁达，啥事都过得去，或者叫乐观。

为什么到现在，不管我们在一起还是不在一起，大家关系都没有变，其实都是价值观的原因。我们不是神话，我们演绎了一个创业童话，童话很纯洁，毫无杂念。你看我们分家都不吵架，从来没有为钱的事吵闹，为什么？因为我们价值观相同，我们不在乎钱。不在乎不等于不赚钱，我们赚钱又很认真。但是我们做公益、捐款、做事情，彼此之间算账，资金往来不伤和气，这其中的原因就是价值观相同。因为信任，所以简单；因为简单，所以永远。

改革发展研究所 1989 年以后停了一段时间，后来就转成改革发展研究院。我们也在那段时间散得七零八落。但是有意思的是，后来我们又陆陆续续地归队，大家又在一起了。

研究所散了以后我去南德集团打工，然后我把启富叫过来，后来又把功权招过来，功权来了以后又把刘军招来了，结果我们 4 个人又在南德聚在一起了。这期间，我们有了很多交流。交流的结果，留存下来的就是一个企业名字。我们当时想办一个“万通代理事务所”，想自己创业。但又没有钱，那就帮人家办事吧，所以当时叫“万通”，意思是什么事情都能办。名字想好了，公司其实没那么快办成。1991 年，我和刘军带头从南德出来，去了海南，创办海南农业高技术投资联合开发总公司，也就是万通的前身。创办的过程中又把功权、启富叫过来，到海南落脚。这个时候小易还坚守在海南办印刷厂，我们一叫他，他印刷厂也不办了，就过来了，我们又凑在一起了。过了半年，潘石屹也来了。

“我们 6 个人都是好人，所以每个人都能借点钱”

万通初期，没有什么钱，就不断借钱。从 5 万元、7 万元、12 万元、18 万元、20 万元，最后借 500 万元、1 300 万元，这才开始做起来。挣了钱我们该还的还了，剩下就开始再折腾，没想到一口气折腾了 30 年。

万通的第一桶金来源于海口的“九都别墅”项目。关于第一桶金，这个东西和我们的研究能力，和我们早期做事的态度有很大关系。那个时候借钱都是凭信用，你必须是好人，才有人肯借钱给你。我们 6 个人都是好人，所以每个人都能借点钱。功权跟老丈人借钱，启富跟他哥借钱，小易从工厂拿了钱，我和刘军借了另外一个老板的钱，凑了初期的费用。但是还不够，还得借，所以我们后来一路都凭着我们的信用在借。

最关键的一笔钱是 500 万元，这 500 万元是找一家财务公司借的，借之前人家有条件，当时他们正好有一个事希望我协助。为了借钱，我先像现在的路演一样侃了 1 个小时。后来又做了两次，最后算是路演成功，别人答应借给我们 500 万元，但条件是我得去珠海待一年帮他做一个事。所以后来我差不多有一年是在珠海、海口之间来回跑。大家都讲信用，我答应他的事给他办了，他也借给了我们 500 万元。借了 500 万元还不够，因为买 8 幢别墅要 1 800 多万元，还缺 1 300 万元。这 500 万元就是头款，付了头款，还得按揭 1 300 万元。这事儿是 1991 年，功权和小潘去办的，应该算是中国第一单商业按揭。

到了 1992 年 9 月份，我们建立了公司的反省日，把每一年的公司成立日 9 月 13 号叫作反省日。第一个反省日我们 6 个人反省了一天，写了一篇文章在《海南开发报》上发表。当时我们非常认真地按照现在的说法叫作价值观的进一步确立、统一思想建设。那篇文章是我们讨论了一天的结果，1992 年 9 月 13 号，反省完了最后决定把它写下来，成了那篇著名的《披荆斩棘，共赴未来》。

“即使分开了，仍然是哥们”

后来分开的原因是性格问题。

就像青春期一样，20 多岁的小孩有分歧，有不一样的看法。最后我们就说干脆分开试试。我们是理性分开的，没有为钱的事闹掰，留下的都是好的一面。后来的结果是大家都发展得不错，证明我们都适合干房地产。

我跟功权最后决定分的时候特别好玩。起因是当时的一个分歧，要引进泰达这个国企。功权不同意，他有他的道理，最后我们两个就说干脆分开。

功权说要不就你做，我撤。我也很坚持，我说那行。说完这事，大家没有吵架，都很释然。然后说咱们分别找一个律师吧。我说行，要不就找一个算了，省点钱，找两个还得花两份钱。到最后交割的时候，我们两个在亚运村那边的一个酒店大堂。我拿着个信封放着支票，跟功权开玩笑，把这个给你以后我什么都没有了，就剩理想了。功权说，你不就是要理想吗？我给你。

因为我们的价值观相同，即使分开了，仍然是哥们。

“海口是生命中特别丰富的一个旅程”

总结我们在海南的创业史，叫作“追求理想，顺便赚钱，必须赚钱。”

过去有一个词叫做淬火，意思是钢铁烧红了以后你得往水里放一下，这个过程叫淬火，让你密度变得更大，更坚强，也更纯粹。我觉得海南让我变成了人，什么意思呢？儿童时候本来是一团肉，青春期有了社会性以后，不断加给你很多角色——荣誉、服装、包装、标签，你就变假了，不像人了，像角色，像别人要求你的角色。所以你不快乐。到了海南以后，大家都是光屁股，从一无所有开始，所以你又回到了小孩一样，赤裸裸的，所以变真了。之前我参加了崔健的 30 年演唱会，演唱会的标题就是“从一无所有到死不回头”，他唱的最新的歌叫作《死不回头》，开始的成名曲叫作《一无所有》。这就是我们现在的想法，当时一无所有，现在死不回头。再回去看海南的时候，我们不后悔，继续折腾。

这些年，我的理想没有变。我十几岁的时候就说要改变中国，这是一个大话，但真的是这样。年轻的时候胆大，现在我们不敢说这事一定是这样，要改变中国，你先得改变自己，然后改变周围，影响周围的人群，慢慢你的本事越大，影响的人多了，就可能改变社会。一切的前提都是改造自己，让自己变得强大。

我是冯仑，近 30 年前我在海口创办了万通，也开始了自己生命中特别丰富的一个旅程。期待海南越来越好，在进一步开放和发展中，有更新的、更广阔的前景。

摄影：王振北

1988 年在海口，很多人听完我唱歌就不干这行了

黄绮珊 / 歌手

海口珍物

网球

我的珍物是网球。小时候我梦想成为花样滑冰运动员，这项运动吸引我的原因是女运动员身上穿的运动裙。因为我心里有个公主梦，从小就对那样的衣服着迷。同样，最早练网球也是因为网球裙好看，很像滑冰选手的裙装。我曾经打入过海南省公开赛的八强。我还有一个外号叫“黄三亚”，倒不是因为三亚这座城市，而是因为我拿下过网球业余赛事的三次“亚军”。

扫描二维码，
观看《岛屿人生 · 十问黄绮珊》

黄绮珊自述

我是晓霞，黄绮珊。海口是我的第二故乡，是我当年追寻梦想、追寻自由，留下青春、留下难忘时光的地方。

如果说海南这块土地曾经留下我们这一代人的青春和故事的话，我想我是最有发言权的，因为我是 1988 年 8 月份上岛的，最早在望海楼驻唱。如果要书写我的整个人生经历和音乐历程，这一路走过来，海南的生活应该是写“晓霞前传”这一段的所在。

1988 年，来自海口的邀请

我出生在重庆市渝中区，3 岁的时候就开始跟外公学唱样板戏。12 岁上初中的时候，邓丽君的歌在大陆已经很流行，我就自己琢磨着学，邓丽君算得上我流行音乐的启蒙老师。

1986 年我 18 岁那年，听说当时重庆很有名气的华桦舞蹈团在招人，而且他们团里还有一个“歌队”，就报了名。后来如愿进了歌队，在一次聚会上我演唱了首张国荣的《莫妮卡》，得到了现场观众惊讶眼神的反馈，算是开始了职业歌手的生涯。

去海口是 1988 年 8 月份的事情。当时我在贵州唱歌，因为海口望海楼歌舞厅的邀请，进入望海楼，做了驻唱歌手，作为太平洋音像公司的第二批歌手在望海楼驻唱。我那个时候每个月可以拿到 3 000 元的固定工资，衣食住行都在酒店，在 80 年代末期，这个待遇可以说是相当的罕见了。

那个时候有个词叫“闯海南”，一帮有理想的各行各业的人去海南闯荡、下海、淘金，或是追寻梦想，而我当时却只是因为特别想离开原来的地方。因为我是个游走型的人，只要有机会去体验新的生活，我就义无反顾，去海南也就这样顺理成章了。果然，去了海口后，那里生活特别安逸、特别舒服。再加上我的适应能力也很强，很快就融入到了当地。

我想每个人的人生中必然有某一段，一定是延续你后面青春记忆的一个注解。我不能说海南发生的事情对我后来的影响有多大，包括我后来走过的每一个城市，它们都是点点滴滴的海水，最后融在一起，变成我生活的全部。现在回过头看，海口那一段时光确实是青春的萌芽状态，它很美，懵懵懂懂又带着点调皮。特别有意思的是，我在海口那几年，所有的歌手上岛，必去听我唱歌。还有一些人，听完我唱歌以后，干脆就不干这行了。

海口第一晚：炭火烤鱿鱼

在海口那些年，当地的美食是我的最爱。我是个吃货，大江南北都吃，直到现在，我跟身边所有的朋友都介绍海南的美食是全中国最健康的。

印象最深的是当时海口马路边的炭火烤鱿鱼。上岛当天吃了一块鱿鱼，第二天牙龈就肿了，但是照吃不误。海口这座城市，虽然现在城市建设变化很大，但在我看来还是保持了它原有的气质。特别是我热爱的老城区，那些猪脚饭、牛腩饭和清补凉的夜市和夜摊是我的最爱，既便宜、又好吃，包括文昌鸡，很可能只有在海口的老城区才吃得到最地道的。我喜欢海口慢慢成

长的样子，它不像内地，一说建设就变得让所有人都觉得不适应。相比之下，海南缓缓的节奏是我更喜欢的。这么多年过去了，回到老城区还能吃到当初那些食物，满大街的空气里还弥漫着同样的气味，还是过去那个熟悉的海口。

当年岛屿生长的人个个热爱自由，无拘无束，特别自由散漫。那时候大家都是一种原生态生活的方式。大街上你会看见好多穿拖鞋的人。那个年代的交通完全是混乱的，东西南北的车可以随便乱开，到处都是摩托车。有些歌手因为要跑场，摩托车基本上成了他们的主要交通工具。

如果要用几个词来概括海口的城市性格，我会用这 4 个：浪漫、简朴、随和、自由。海南人真的是很纯真，特别可爱。他们下午一定会去喝老爸茶，喝老爸茶前，中午一定要打个盹，睡个午觉，谁都不可以来打扰。就是那种自由，在那里真的好像身心可以得到一种解放。

跟海南的缘分命中注定

来海口唱了 3 年后，1991 年我到广州加入了“卜通 100”乐队。当时“卜通 100”聚集了全国最好的音乐人，我的同事包括那英、朱哲琴、金学峰、捞仔、毕晓笛等等。我跟海口的缘分暂时告一段落。再后来，我去了台湾，去了新加坡，兜兜转转又回到祖国。

虽然离开了海口，但跟海南的缘分从来没有断过。2013 年，我回国参加湖南卫视《我是歌手》节目时，我的团队大部分人都是当年在海口相识的一帮老朋友。比如专程陪我参加比赛的我最早的合唱搭档练坚；当年在海口走金嗓子玉女路线的雅岚；中国最早跳霹雳舞的小雷等。20 多年前；我们一起唱歌走穴，同吃同住，根本就是一家人。一直以来，他们都还习惯叫我的原名——黄晓霞。因为有了这些朋友，我现在还经常回海南，把海南当作一个见见老朋友，释放自己的、休息的地方。当年的那些小伙伴无论在哪里，聚在一起说到海南岛，那真的是滔滔不绝。

这块土地很神奇，对我来说就是一个割不断、理还乱的地方。一直以来，在心里，我其实从来都没有离开过海南。无论是今天、昨天还是未来，从来都是。每年我都会抽出大量时间过来休息。曾经有一段时间离开歌坛，整整一年，我在海口和三亚训练网球，没有回过北京。

好多事情就那么奇妙，海南建省的那一年刚好是我上岛的那一年，我觉得我的青春是和海南共同成长的。好多东西解释不清楚就不解释了，我觉得这就是一个跟海南命中注定的缘分。

* 本章老照片由黄绮珊提供

摄影：林刚

海口卅年两事

蒋子丹 / 作家

海口珍物

韩家英给《天涯》杂志设计的海报

1997 年，《天涯》杂志改版第一期的封面给设计师韩家英带来了很好的声誉，他因此在各种国内国际平面设计展上备受关注。后来他给《天涯》设计的成套海报，还多次获得了重量级的国际平面设计金奖。这套海报就是我的珍物。

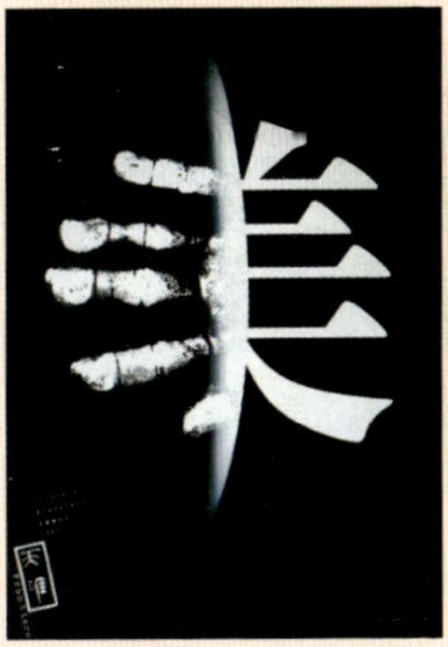

扫描二维码，
观看《岛屿人生 · 十问蒋子丹》

蒋子丹自述

1988 年 4 月 7 日晚上 9 点多钟，我乘坐的飞机从广州飞抵海口。那时候进出海口似乎只有一两个航班，广州的朋友预先帮忙买的机票。从飞机场出来，我就傻眼了。整个海口压根儿不供电，黑洞洞一座城市，浸在 4 月湿漉漉的雨雾中，仿佛正要沉入同样漆黑的大海里去。

《海南纪实》创刊

其实这是我第三次来海南。1985 年底我和丈夫林刚来此作过一次自费旅行，这里独特的亚热带气候与风光，给我们留下的印象很深很好。第二次来是 1987 年 11 月，带着为湖南文艺出版社《 芙蓉 》杂志笔会打前站的工作任务，私下的打算是看一看海南建省广招天下豪杰到底是怎么回事。

我的箱子里装着一摞沉甸甸的诗集，作者是海南省第一任省委书记（当时还是建省筹备组组长）许士杰先生，样书刚刚从印刷厂拿出来。照理说这些书完全可以邮寄，但责任编辑弘征安排我面交作者，说这样可以名正言顺地求见许士杰。他知道当时湖南文艺界有不少人动了南迁的心思，《 芙蓉 》杂志的笔会，实际上也带有望风的性质，能见到这个新建省份的“第一首长”，至少可以听到些真实的消息。

果然，日理万机的许士杰先生特地抽空会见了我这个年轻编辑，因为他除了是一个高干，更是一个诗人，想见到自己刚出版的新诗集，心情很迫切。许书记为人谦和态度诚恳，使得谈话的时间并不短，气氛也很轻松。听我说湖南有些文化人想来海南工作，他当即表示热烈欢迎，说湖南的文化实力在全国名列前茅，要是分流一些人到海南来，真是求之不得。还说以后如果真想调来，有什么困难都可以直接找他。在告别的时候，握着这位老人温暖的手，我心里还有点过意不去，那时虽有耳闻叶蔚林等人想调过来工作，尚不知道这些“等人”都是谁。万一这消息，最终成为子虚乌有的空闻，岂不是蒙了人家？所幸湖南的文化人没有食言，除了叶蔚林之外，还有韩少功、张新奇于 3 个月之后举家南迁到达海口，再往后这个“等人”的队伍不断扩大，其中也包括了我和林刚。

民航客车把我扔在望海楼，转眼开得无影无踪，几辆歪歪斜斜的三轮车，噼噼啪啪放着噪音围着我转圈。观察了好一阵，我发现如果再不当机立断租一辆三轮车，今晚就很难挪动位置了。于是选择了一个总被强悍的同行挤出圈外的老实车夫，说出我要去的地址是海南师范学院。车夫一听就咋舌称远，犹豫了一下之后以 8 块钱成交启程。

三轮车噼啪乱响，蜗牛似的爬行。又开始下雨了，雨水透过车篷的破缝一个劲往我脸上飘。眼见得马路两边，居民的烛火油灯愈渐稀少，田野愈渐开阔，我心里开始打鼓，不知道这车夫为何要把我往郊区拉。正在踌躇，车夫说话了。他问我这么晚了去师院干什么。我灵机一动脱口而出，回家。车夫惊诧道：原来你不是大陆人。我沉住气说：是倒是大陆人，已经上岛教了 20 多年书了。他又说，教了 20 年书，怎么听声音像是青年人。我忙哄他，哪里年轻，五十都快出头了，教书要靠嗓子响。车夫竟然生出敬意说，原来你是老先生了。我不置可否，回避说：你这车也走得太慢，这半天还只走了一半路。车夫赶快加了把油说，只剩一小半路了。说话间，车子驶入府城境内，民宅里烛火油灯又渐渐密集了。此时在我眼中，那些荧荧如豆的光晕简直称得上辉煌璀璨。

看到海南师院的大招牌，心里一块石头才算落了地。回头一想，这段路的确不短，于是主动将车费加至 10 元，顾不得听他道谢，提着皮箱直奔校园。在里边也没少费周折，原来韩少功他们租住的是校园边缘地界，人称 213 站的几间旧平房。见我“从天而降”，大家全都欣喜万分亲热非常。我的感觉则恰如越狱逃跑的犯人找到了窝主一般，就差没热泪盈眶了。我们谈了很多，忘了夜深。后来创办的那份著名的《海南纪实》杂志，在那夜荧荧的油灯下，已经展示了耀眼的光明。

举国闻名的《海南纪实》杂志，最开始只有 4 个人：韩少功任主编，林刚和张新奇任副主编，只有我一个编辑，主要任务是组稿。

第一次出征北京找稿子，我被朋友告知张玉凤（编者注：原毛泽东机要秘书兼生活秘书）正在写回忆录，就铁了心要弄几千字回来发头条。当时这本还在设想中的新杂志长成什么样谁也不知道，张玉凤生怕她的文章被编入庸俗的地摊书，在电话那头一时同意二时不同意。我只能建议她向可以信任的人打听一下，这本杂志主编、作家韩少功的情况，看是不是能够消除顾虑。此后她果然同意考虑，但时间上还是有点拖沓，情急之下我自作主张许以每千字 1 百元的高稿酬。那时候一般编辑人员的工资，每个月也不过百元左右，5 千字 5 百元的报酬，把这个见过大世面的人物都震住了。她终于给了我 5 千字，我又“顺带”问她要了两张照片，她也没有为这两张照片要求加价，等于买一送二。

于是张玉凤出现在《海南纪实》的创刊号上。当时的外封设计为多图拼接，封面上有一张就是中年的张玉凤，穿着蓝色外衣站在红墙外的黄色迎春花丛中，那叫一个风姿绰约；封底还有她的全家福，夫妇二人带着两个孩子其乐融融。这是张玉凤自毛主席逝世后，第一次现身公开媒体，更何况还有她全家的影像。她那段从未完成的长篇回忆录中摘取的片断，说起来没有什么不得了的内容，只不过记述了毛泽东某次有惊无险的小恙。结果这么一篇寻常的短文，被韩少功做了一个吓死人的大标题，放在封面要目头条：毛泽东从昏迷中苏醒……地地道道的标题党做派。如今网络上标题党愈演愈烈，作为严肃作家的韩少功常以讥笑的态度待之，全然不知反省他自己很可能就是标题党的开山鼻祖。

多年来大家都惊讶于《海南纪实》到底施了什么魔法，第一期就印了一百多万册，真实原因如上。只可惜那时候杂志社还没来得及成立发行部，那期稿子以 2 万元卖给了长沙的一个书商，别人印得再多也跟我们没有一毛钱关系。后来书商可能数钱数得不好意思了，才把 2 万元买断的协议，改为了 2 万元之外加付 8 千元稿费编辑费。

从这期开始，《海南纪实》奠定了图文并茂深度报道的办刊风格。摄影记者出身的林刚作为副主编，每期需要为各种内容的文章，组织上百张新闻或历史照片。好在他曾经在人民大学的同学有不少名刊名报的记者编辑，有的还掌管着历史博物馆、军事博物馆的资料库，他的稿约随着杂志声名日隆而一呼百应。某直辖市的新华分社摄影部主任，接到林刚的电话，一听是为《海南纪实》杂志组稿，居然有几分激动地说：终于和你们取得联系了！

《海南纪实》一炮而红。听说许士杰书记去北京开会，常被同僚们索要这本风靡一时的刊物，故而每次都得带上多本去应酬，他自己也觉得脸上有光。为什么要用“听说”一词表述这件与我们自己的杂志社相关甚密的事情呢？因为自从我给许书记送去他的诗集之后，杂志社全体包括主编韩少功在内，从来没有因为任何事情去找过他。可能是我们的杂志办得风生水起，压根儿没碰到什么困难，也可能是湖南人群体主流个性中，有某种与生俱来的气质，不大善于拿着鸡毛当令箭，得了棒槌就当针（当真），上赶着巴结高官贵人。

1987年所谓给笔会打前站的事儿是怎么办的，几乎没给我留下什么印象，我满脑子记住的全是海口街头“兵荒马乱”的情形。这个宁静的临海小城，突然间被来自全国各地的人马给塞了个满满当当。据说因为时任省长梁湘先生曾经在一个新闻发布会上说，海南急需各方面的人才，而且在调动干部的手续方面可能采取比内地灵活得多的政策。那时在中国以及海外的报刊上，都不止一次地出现过诸如“十万人才下海南”一类的黑体字标题，一些自认为对中国如火如荼进行着的改革开放很有研究的敏感人士，认为这次人才大流动，或许正标志着中国自建国以来，一直执行不悖的人事制度乃至户口制度，将要发生根本变化。这对当时体制内的人们，尤其是青年人来说，差不多成了一个石破天惊的号召。

等我们过了30年之后，再来回看那些被这个有点以讹传讹的号召蛊惑着，怀揣从单位人事部门吵着闹着哄着骗着拿出的人事档案，尚不知要落户何处就已经在原居住地注销了户口，甚至于拖家带口而来打算背水一战的人们，也许觉得他们真是些冒着傻气的愣头青。可是只要细心了解一下，他们中那些未能如愿以偿的人，此后为自己冲动的决定所付出的代价，就不得不承认他们绝对是些带头吃螃蟹的家伙，并且有足够的理由佩服他们：吃了熊心豹子胆的担当，可圈可点的浪漫情怀，以及可歌可泣的人生理想。

1987 年年末达到海南的人们，还只是日后那十万之众的先遣队，已经使广东省海南行政区首府海口市人满为患。大小旅馆住满了前来求职的人们，更多没关系没目标没有盘缠的年轻人，干脆就露宿街头。海口变成了一个终日洋溢着豪迈激情，彻夜飘荡着欢声笑语的吉普赛部落，到处是“人才大饼”“人才饺子”摊位，到处是叫卖报纸的大学生。还有些兴致更好的人们，这一群那一群，围在一起看相算命或者架起画板写生画像，操着吉他二胡等乐器唱歌唱戏，干吗的都有。那些面孔的真诚与幼稚，那些眼睛的热情与灵动，只要你置身其中就没法儿不受感染不被感动。

后来有不少关于人才大潮的文字，甚或自称非虚构绝对实录的文章，上来就写“1988 年十万人下海炒地炒房子”，纯属虚写妄记。

《天涯》杂志改版

1995 年春季某天，海南省作家协会新任主席韩少功找我谈话，希望我能接替上一任《天涯》主编叶蔚林先生退休的空缺来办这份杂志，这对我来说真是一个沉重的时刻。

我从 1976 年开始在湖南人民出版社当编辑，前前后后已经办过好几本杂志。可以说深知其中甘苦，尤其在当时刊物数量膨胀、竞争激烈、许多纯文学杂志朝不保夕的情形下，接手这样一本地处边远省份且毫无知名度的刊物，何尝不是一捧烫手的栗子？考虑了几天之后，我答应“友情出演”，但条件是韩少功本人必须担任杂志社社长。我感觉以他在文坛上的影响力和号召力，他当不当社长对杂志的兴衰至关重要。后来的事情，证明我的直觉是完全正确的。

我们花了不少时间来讨论杂志的改版问题，决定要改就改得彻底一些。韩少功首先提出要从文体上突破“纯文学”的框架，把《天涯》办成一本真正意义上的“杂”志，或者说“杂文学”刊物。他说，中国的文化传统从来是文、史、哲不分家，《史记》是历史也是文学，《庄子》是文学也是哲学。《天涯》如果能在恢复中国独有的大文化传统方面做点工作，应该是会很有意义的。这种设想的提出，跟韩少功本人的学养有密切关系。早在两年前，他就一直在考虑小说如何才能突破固有的叙事方式，找到一种新的跨文体写作样式，并正在努力将这种思考渗入到他的写作中去。与《天涯》改版同时进行的，是他对长篇小说《马桥词典》的创造性构想。这部著名小说，凝结了他对西方言语哲学、中国明清笔记文学以及他自己多年的写作实践等等多层次的积累和探究成果，后来一度被称之为“马桥事件”的构陷与反构陷诉讼弄得毁也至极，誉也至极。《天涯》改版的定位，跟这部小说的构思其实是两位一体、一脉相通的。

现在回想起来，这种文体定位，很像开始写作某部作品时对语感的寻找。凡是有些写作经验的人都可以体会到，寻找语感对一部作品的创作是多么重要，它与你想要表达的精神内涵有着血和肉一样的关联。找准了，作品还没下笔，已经成功了一半。我庆幸《天涯》在它的孕育期，已经具备了后来使它在刊山报海之中脱颖而出的条件，就是它独特的文体气质，是这种气质决定了它的品位。也许跟所有其他杂志的设计不同，《天涯》的改版是以文体为酵母，启发了其他如题材、栏目、议题等等，一直被认为是更重要更主要的方面，而不是相反。这一点，我也是在办了几年《天涯》之后才体味出来的。

在文化产业特别是传媒业越来越商业化的背景下，杂志的主办者最容易犯的一个错误就是盲目取悦读者，为经济利益出卖精神品格，对这点我们深以为诫。假如在相互类似得像多胞胎一样的消闲时尚杂志中，再增加一份有你不多无你不少的《天涯》，实在是没有多少意思。那么未来的《天涯》，准确说是我们理想与设想中的《天涯》，应该是一份什么样的杂志呢？

首先它应该具有前锋性。它的前锋性并不像某些人理解的那样，体现为声色犬马玩世不恭。恰恰相反，它将在很多中国文化人公开嘲弄文学的理想和崇高的时候，堂皇地重申文学的理想，呼唤文人的道义感、同情心和批判精神。同时，它应该是在审美形式上锐意创新且又充盈着真情实感的。现实主义的小说曾经达到过巅峰状态，现代主义小说为了超越这个巅峰，业已使出百般招术，走过了九曲十八弯的路程。在当代中国，小说技法的更新层出不穷，任何一种新的技法都不再会引起惊诧与非难。这当然为小说家提供了更为广阔的舞台，也当然对小说家提出了更高的要求。你徒有技法不行，还得有丰厚的内涵。反之，你的真情实感最好用新锐的技法来表达，才更来神更带劲儿更吸引人。这样的小说曾一直在我的写作实践中引诱着我，我一直在为写出这样的小说而努力，却总不能如愿以偿。于是就更期待在我主编的杂志里，能有幸发表这样的好小说，当然也包括好的散文和诗歌。

文学以外的作家，也是《天涯》将要关注的视域。这样表述说不定会引起误解，以为我们又要把某某作家家中失窃，某某作家在某天饭后吃了一个某牌苹果，某某作家不弃糟糠或另有新欢，这些无聊的花边消息塞给读者。不是这样。这些东西为我们所不齿。我们希望展示的，是作家真实的思想，是他们用直白的语言、非技术化的方式，向人们传递的真知灼见。他们的话题，将涉及社会、文化与人生重大热点与难点，诸如政治、经济、教育、法律、环境、时尚、历史、家庭、种族、女权、性爱、疾病、死亡等等。也许是随笔杂文，也许是专访对话，也许是圆桌会议纪要，体裁可以多样，但精神面容应该是真诚的、善良的，对现实充满关切之意，同时也充满忧患之情的。需要说明的是，我们还要把“作家”的概念扩而广之，凡是以文言志的写作者都应该称之为作家，这就是后来《天涯》的作者队伍中，为什么会有不少社会科学研究者的原因。这无疑有力地扩展了稿件的资源和作者阵容。

理论和批评往往是费力不讨好的环节。云山雾罩的艰涩深奥和赤膊上阵的破口大骂，"捧杀"与"棒杀"，人云亦云或霸气十足，都可能破坏理论批评的威信。我们的刊物能不能追求一种亲切生动的文风，建立一种宽容民主的氛围呢？我们能不能联络上更多优秀的学者，找到更多优秀的影评、乐评、画评撰稿人呢？所幸当我们正在讨论这个问题的时候，一些理论高手已经欣然表示了给予大力支持的好意，这自然极大地增添了我的信心。

剩下的问题里，最要紧的是读者的参与。读者中每时每刻都在产生着文学。假如有一些非作家的人们，愿意将自己收藏在箱中柜底的日记、书信、揭发信、检讨书、回忆录贡献给读者，也贡献给作家，我们求之不得。这些文字，应该保持着朴素与天真的原貌，没有任何包装和造作的痕迹，真正以其亲历性和独特性震撼我们。流行在市井的当代民谣、新成语、旧俚语、别致新鲜的广告语，以及其他任何形式的充满民间生机勃勃的智慧与原创力的文字，我们的刊物都将虚位以待。

就这样，《天涯》的轮廓一天天在想象中清晰起来。

在《天涯》的初创阶段还有一件最值得庆幸的事，是著名平面设计师韩家英的加盟。

改版后不久，韩家英在朋友处看到我们的杂志，立刻被它扎实丰富的内容所吸引，并产生了替我们做设计的想法。此时，年仅而立的韩家英在国内平面设计界已经有很高知名度，在深圳开设有以他自己的名字命名的平面设计中心，是康佳彩电、怡宝矿泉水、新大洲摩托车等几家大企业的常年 CI 设计师。他的朋友作家单正平向我和韩少功引荐了他，谈话间，韩家英出示了自己的平面设计作品，并特别推荐了他为嘉士伯啤酒屋设计的宣传图册。这是一本用牛皮纸印制的小书，封面是一张爵士乐队演奏的黑白照片，牛皮纸的暗黄与黑白照片的灰调子形成了某种特别典雅的气质。这个册子马上吸引了我们 3 个人的目光 ，几乎是在同一时刻，大家找到共同的兴奋点，就是它了——牛皮纸。

1997 年第一期，韩家英替我们设计的新封面面世了。一时间引起了一阵小小的冲击波，新的封面使我们的杂志在各销售点花花绿绿的书刊中，清水出芙蓉一般脱颖而出。很多读者先是被它的封面吸引，进而发现了它丰富的内容，从此成为它忠实的追捧者。

众所周知，《天涯》的成功改版得益于明确的定位和成功的策划，得益于众多名家的力挺和新锐的加盟，得益于广大读者的青睐和粉丝的追捧，可当这一切将来未到之前，有多少怀疑、蔑视、窘困，甚至是屈辱，横亘在前方等待我们，尚不可知。然而我们对即将到来的挑战，已经做好了准备。社长韩少功为杂志撰写的改版方案中，这样的宣示可以证明这一点："《天涯》不是一本纪实新闻性杂志，更不是时下形形色色的消闲娱乐读物。《天涯》以道义感、人民性、创造力定位，承担精神解放和文化建设的使命，无意谋求畅销，拒绝与低俗为伍。"不消闲，不娱乐，不求畅销，不追新闻，拒绝低俗……在当时许多老牌名牌正统杂志，都在艳俗的滚滚红尘之中，为了生存改弦更张被迫易帜的时候，《天涯》如此高调地逆袭潮流，到底凭的是什么底气？显赫的知名度，丰厚的财政拨款，巨额的企业赞助，红头文件保障的发行量，诸如此类被视为办刊"法宝"的背景一概没有，凭借的只是抵抗知识界读书界集体堕落的勇气，一种被某些"聪明"的同行们所不屑的使命感和担当精神。

在当年，一个边缘的甚至是弱小的团体，以这样的话语向着泥石流般汹涌而来精神消费主义大潮，发出抵抗的宣言，那种勇敢和豪迈，那种为人所不为的个性，是如此地激励了我，吸引了我。我想，也许这才是我做出放弃自己写作的决定，去接手这个前途未卜的主编职务的内在原因吧。

摄影：孟祥光

海口是把过去和未来融合在一起的城市

李少君 / 诗人、作家、《诗刊》杂志副主编

海口珍物

《风情海南》

海南建省15周年的时候，我出了一本《风情海南》，这是我的珍物。

我非常热爱海南，想把这份热爱告诉别人。我们当时发起闯海文化纪念活动，自己先要带头做啊，这本书就是我专门为海南写的，大概15万字。我的写法也很有意思，一个城市一个城市地写，海口专门有一章。我写到的很多地方都是切身经历过的，比如写到了海南的第一个酒吧。这本书最早的名字叫《天涯琼州》，想显得比较有历史感，后来出版社觉得这个名字太传统了，改名叫《风情海南》。当时这本书很受欢迎，连续再版了很多次。现在海南建省30周年了，这本书里的很多内容已经有点过时了。但当时我完成这本书的时候，感觉自己总算给海南做了一件比较重要的事情。

扫描二维码，
观看《岛屿人生 · 十问李少君》

李少君自述

我第一次到海南的时候还是个在读大学生。

那是 1987 年底，当时我在武汉大学担任学生会刊物的主编。因为传闻海南要建省办中国最大的特区，要成为中国以后最开放的一个地方，我们武汉大学的学生很感兴趣。80 年代的大学生都是天之骄子，以天下为己任，觉得什么事情都跟自己有关系。当时武汉大学组织了一个跟海南相关的座谈会，座谈会是我召集的。座谈过程中大家说，我们隔着海南岛上千公里讨论有什么意义呢？应该先派谁去看看。就决定由当时的学生会副主席卢雍政带上六七个人（包括我）去海南。

“对海南的了解，主要是来自课本”

说起来很有意思，我们第一次去海南前，对海南的了解，主要是来自课本。中学地理课本里面，关于海南的描述主要是两个。第一，它有中国最大的富铁矿——石碌铁矿。第二，它有中国南方最大的盐场——莺歌海盐场。所以我们设计的行程，第一站就是去石碌铁矿。

路上印象特别深的是，当火车过了柳州之后，车厢里剩下的人都是去海南的，而且有一个特点，都比较年轻。很多人戴着眼镜，穿着牛仔裤，说着普通话。一过柳州火车上就有了音乐，开始放那种慷慨激昂的进行曲，整个就是一种奔赴前线的感觉。在那种氛围中，人很容易被感染。

我们在车上就聊起来了。隔壁的人问，你是哪里来的？你去海南干吗？结果一问才发现，四川的，贵州的，浙江的……全国各地的都有。大家都说："听说海南要办特区了，我们要去看看。"我们互相之间还留了不少电话。记得那时候的电话号码还是四位数五位数。有的是自己老家的电话，有的是工作单位的电话，我们是大学生，留的是学校电话。我一直保留着这个小本子，后来通过当时留的电话还找到了跟我一趟车、一个航班去海南的李锛，他当时在贵州当老师，后来成了海南大学的教授。没想到过了二十多年后，我们还见了一次。

那时候去海南就像是"探险"，那次"探险"对我来说印象特别深刻。记得一到湛江，整个氛围就变得跟内地不一样。因为我在湖南中部的一个小城市湘乡长大，之前只到过北京和湖南这几个地方，海南对我来说有着完全不一样的风情。首先是觉得天空特别的低，植物啊、自然环境啊，全都不一样。一抵达海南，感觉完全是另一个世界，对海南最初的印象特别美好。

我记得当时从海上坐轮渡，看遥挂空中的月亮，感觉真的是"海上生明月，天涯共此时"，没有看过的人无法体会到。整个大海都被月光笼罩，月亮的光线通过波浪折射出波光粼粼的那种感觉。这时候你会感觉到全世界只有一轮月光，这跟在城市看到的月光完全不一样，那一幕令人终身难忘。

“感觉自己找到了同道中人”

当时我们住在琼台师范学院。我住进去后附近有府城中学的 3 个中学生经常来找我玩，这 3 个人后来都成了诗人。一个是艾子，现在凤凰网海南频道的总监，也是海南省青年作家协会的主席，海南省作家协会的副主席。另一个中学生叫做王志晗，笔名叫雅高，后来成了一个画家。他们跟我说，很多诗人在海口，像什么柏桦啊，吴世平啊，费声啊。特别提到吴世平现在是一个报社的编辑部主任，他们的《海南开发报》马上要创刊了。我一听就很感兴趣，我说我是学新闻的，要不我到他们那去实习吧。第二天我就跑去找吴世平。

记得那天他很忙，我在旁边等他。等的时候正好有一个美国《华尔街日报》的记者过来采访，吴世平了解了一下这个人的来意之后，跟旁边两个小伙子说，你们先跟他聊一下。这两个小伙子看起来也没什么特别，戴个眼镜，开始用英文跟美国记者对话。我当时很惊讶，心里想这么破烂的一个地方，聚集了这么多优秀的人才，感觉自己找到了同道中人，就应该来这个地方。这个细节给了我很大的震动。

我跟吴世平谈了自己的想法之后，他说：“好呀，你来得正是时候，我们现在正需要人！马上给你派个任务，你去采访海南师范大学的大学生餐厅！”这个大学生餐厅是江苏昆山的 4 个大学毕业生办的，他们以前在老家都是中学老师，一起来到海南，但找不到工作嘛，就自己办了个餐厅。采访完这个餐厅，我当时写了一篇通讯发表在《海南开发报》第 3 期了。

那时候我还在上大学三年级，写完这篇文章我就回去了。从此以后只要是关于海南的消息，我都会认真地读，隔几天就会到学校图书馆找《海南开发报》看。当时《海南开发报》很大胆，经常是很大的标题，用振奋人心的方式来宣传海南。我被这种氛围所感染，这和我在海南亲身感受到的自由和充满激情的氛围是一致的。

就这样，1989 年大学毕业后，我又回到了海口。

海口的多样性和包容性都很强

当时的海口很小。准确地说，就是以三角池为中心，往东边到省政府，过了省政府就是田野了。往西边是现在的南大桥，那时候叫北方大厦，旁边也是田野。城市虽然小巧，但给人感觉有传统，有文化，比如说骑楼、老海关、钟楼，都是比较独特的。

海南与内地有很大的差别。一方面它跟中国其他地方的风光是不一样的。另一方面，从文化的角度来说，海南最大的特点是远离政治和文化的中心，处于边缘地带，有比较开放和自由的风气和传统。第三个是它独有的浪漫，对于我这种中原背景的人来说，有一种别致的情调。另外海南人比较朴实。海南本身资源丰富，人口相对比较少，所以海南人相对来说比较容易满足，也与世无争，天性上比较超脱。如果这样大规模地移民换到其他地方去，很容易引起冲突。但是海南人的接纳性非常强，对外来文化和人都很宽容地去接纳。

从历史的角度来看，海南实际上也是不断移民的结果。你看像“南渡江”这个说法，有可能是来自福建晋人南渡。因为晋江就是当时中原的大家族，因为战乱到福建，之后又到了海南，所以我想“南渡江”可能与这个有关系。

实际上历史上的每一次朝代变更，战乱或者说碰到饥荒的时候，大量的人会往南方移民。我想海南的包容性跟历史上的移民特点有关。

我 1989 年正式到海口，直到 2014 年离开，在海口整整生活了 25 年。这几十年，海口的变化很大。我们刚去的时候，几乎没有现代感，印象中红绿灯都没有！现在它变得特别现代，很国际化，但又保留了比较古老的东西。比如火山口那边的古村落，包括骑楼这种上世纪二三十年代的建筑，还有五六十年代的海口戏院、华侨大厦等等。我觉得海口是将多样性文化保留得比较好的城市，这个跟海口人也一样。它可以接纳达官显贵，也可以非常平民化。因为海口的气候原因，衣服不用太多，食物也很丰富，海口的多样性和包容性都很强。

这么多年，海口最没有变化的地方就是骑楼这一块了。我觉得非常好。很多内地的城市也没有做到，包括我的家乡湖南长沙。照理说长沙是一个更古老的城市，在春秋战国或者说在楚国的时候它就已经是个都城了，但是现在基本看不到什么历史古迹了，除了那些挖掘出来的古老文物。但是在海口，不同年代的东西在不同的区域都能找到，这是非常了不起的。海口是一个能够把过去和未来融合在一起的城市。

闯海文化是海南独特的文化现象

建省 15 周年的时候，是海南发展的低潮期。当时留在海南的人并不多，像当年跟我一起去海南的武汉大学的校友有二十几个人，到了 1996 年，1997 年以后，只剩下 3 个人，其他人都走了。所以留下来的人有一种相互取暖的感觉。当时我跟人民大学校友会的人聊天，提议我们应该做点事情，对海南未来的发展提一些倡议。这个事情也很巧，得到了当时的省委书记王岐山的重视。我就跟他说应该借海南建省 15 周年的机会做点事情。我说当时的闯海人，现在在全国各地发展得很好，包括像潘石屹啊、冯仑啊等等，应该把他们吸引回来，重新建设海南。

当时我们就给省里写了这个提案，建议开一个闯海人的聚会。王岐山当时对这个事情很重视，专门做了个批示，指定当时的省委组织部部长张纪南来执行这件事情。计划在 2003 年建省 15 周年的时候，开一个全国闯海人联谊大会，名单都列出来了，大概有一百个人。但是很不幸后来赶上非典，海南又跌到一个低潮，这个事情就不了了之。但想要成立闯海人协会的事情我们一直惦记着。后来我成了这个协会的首任会长。当时这个会是由清华大学、北京大学、人民大学和武汉大学校友会一起发起的。在这个过程中，正好封仪兄他们在北京也有类似的想法，他们离开了一段时间也开始怀念海南。跟封仪兄商议后，我们达成了共识。他在北京组织闯海人的活动，我在海南组织闯海人的活动。这个事情我一直积极地参与，希望把更多的闯海人联络起来，到现在也有十几年了。

为什么当时想把闯海文化给提出来呢？一个是海南低潮的时候，我们觉得需要新的创业精神来振作大家的士气。大家都知道，90 年代后，整个中国社会都有一种商业主义潮流，很多人过于追求功利。其实 80 年代很多闯海人去海南并不是为了发财，而是想去做点事情，想在一个新的地方开创新的事业。所以我们觉得需要重新呼唤一种创业精神。第二个，那时我已经到《天涯》杂志工作了，我在全国范围内来比较海南文化，海南在历史上确实有比较深厚的传统文化，而且也很有影响力。比如说南洋文化，比如说海南本地的文化，像红色文化、海洋文化等等。但通过比较我发现这些文化的特征不明显。比如说南洋文化吧，闯南洋的主力实际来自广东和福建，海南当然也有，但是很难说谁比较突出。红色文化也是一样，虽然我们有《红色娘子军》，但是福建、广东也有《东江纵队》呀。还有就是蓝色文化，客观地讲，中国人的海洋意识不是特别强。虽然 80 年代，从黄土文明到海洋文明，从黄色文化到蓝色文化，已经被提出。但是当时海南的现状，想呼唤海洋文化挺难的。

所以我们提出闯海文化。为什么我们觉得闯海文化有独特性呢？“闯海文化”这个说法实际上只有海南这么提过。深圳早期开发的时候，主要是转业军人去开拓，所以深圳的文化叫做拓荒牛精神，它并没有强调闯海这一点。但是海南在建省的过程中，吸引来这么多闯海人，有的是调来的，有的是自己来创业的，也有的是投亲靠友，这是海南独特的历史现象。

到了建省 15 周年的时候，曾经的闯海人成了中国众多领域里最优秀的人才。比如当年美国《福布斯》杂志统计中国最早的一批富裕阶层，基本上 70% 的人跟海南有关系。他们都是在海南经过商业和社会的锻炼之后崛起的。这个现象非常独特。而且中国商业文化的一个来源，在某种意义上，海南是非常重要的一部分。这跟广东和福建是不一样的。因为广东主要是制造业，福建、江浙一带可能是物流产业，或者商贸。只有海南一开始就是比较现代的产业，比如说房地产、金融业、租赁拍卖、航空产业，都是一些比较现代的产业。这里孕育了中国现代商业中具有开拓性的一些人物，现在已经越来越证明这一点了。现在各行各业，可以说 1 号 2 号人物都跟海南有关系。所以我们应该挖掘闯海文化，因为闯海文化可能是让海南的现代文化真正不同于别的地方的一个特点。这就是我们当时的考虑。

我认为海南应该成立一个闯海文化基金会，或者一个闯海文化的研究机构，系统地来做一些事情。比如说当年闯海故事和经验的整理，以口述史为主的记录。另外可以建立闯海博物馆，甚至闯海标志性建筑的恢复，比如说像当时的人才墙，可以通过雕塑方式重建嘛，它本身也会成为一个景点。通过这些举措，还会吸引闯海人的第二代第三代，回来看看他们父亲母亲当年奋斗过的地方。我觉得这可以成为一个非常有意思的文化亮点。

摄影：潘石屹

海南是我们那一代年轻人的孵化器

刘军 ／ 万鼎国际股权投资基金董事长

海口珍物

《霍乱时期的爱情》

我比较喜欢读书。有一天下班我往三角池畔走，路边书摊很多，看到马尔克斯的《霍乱时期的爱情》，当时就买了一本。因为马尔克斯的东西是中美洲的，讲述的也是热带的故事，他在这本书中对于人物的心理、行为的描写，以及那些热带的场景，刚好映衬了我在海口的生活，所以我对这本书印象很深。

扫描二维码，
观看《岛屿人生 · 十问刘军》

刘军自述

我是 1987 年，在海南建省之前决定去海口的。

去海口的机缘和我早年的经历有关系。我老家在重庆，父母都是重庆人，后来在成都工作。我父亲是军人，我的成长过程中，父亲对我人生影响特别大。他经常说好男儿就应该乘风破浪、志在四方。这对我的性格和后来的人生方向有很大的影响。

“海南岛的自由对文艺青年诱惑力非常大”

我是在北京理工大学读的书，当时叫北京工业学院。我是1965年生人，1987年毕业的。毕业后分配回成都的军工企业208厂，当时是使用保密代号，也就是国营光明器材厂，后来叫国营光明技术有限公司，这个企业是中国兵器工业系统做光学玻璃最大的厂商。我在大学学企业管理，当时叫工业管理工程。那个时候“管理科学”是最热门的专业，记得老师跟我们讲这个专业叫做“厂长的摇篮”，也就是说这个专业的毕业生很有可能成为领导。但是分到国营工厂去以后，整个环境非常沉闷，我开始感到在这个地方待下去，不知道何年何月才能实现所谓的“厂长梦”。一听说海南要建特区，对我们这种心怀梦想，有着周游天下理想的青年人来说有巨大的吸引力。那时候受时代气息的影响，就想到外边去闯，因为内地的坏境基本上都一样，只有沿海才有一点不同的空气、不同的社会环境。而深圳呢，当时已经有很多人去了，我就想去一个没太多人去的地方。所以后来听到海南建省的消息就很动心，于是我在工厂只待了2个月，请了个事假就起身去海南了。

请了事假还不够，还得准备路费。那个时候一个月工资只有三四十块钱，海南来回的火车票、住宿等等，怎么着也得准备一两百块钱。于是我攒了一点工资，家里给了一点，又向同学借了一点，然后背着一个小军挎就坐上了成都去广州的火车。到了广州再坐长途大巴摇了一天一夜到徐闻县的海岸，在海岸再坐小渡轮，最后从新港登上海南岛。从广州到海南的途中，大巴车上认识了王功权，一路聊啊聊，相见恨晚，感觉有很多相通的地方。

当时我们算是去海南比较早的一拨，那时候整个海南对于这些闯海人的到来可以说是没有任何应对性的策略。那个时候没有市场经济，也没有人才交流中心，更没有政府组织接待，全部是自发地去。海南当地的政府部门完全没有做好准备。所以第一次去海口的感觉像是自费旅游了一趟。那时候去海南，有两个东西必带，就是毕业证书和学位证书——不能成为“盲流”是吧？还有原单位工作证也得带上。在海口晃荡了一圈之后我回到成都，一直在等待海南的消息，说实话当时的心早已经飞到海南岛了。因为回到成都，在工厂按部就班工作觉得很枯燥，海南岛的自由对我们这种文艺青年的诱惑力非常大。记得那时候每天的生活比较单调，也没什么夜生活，每天最关注的事就是新闻联播以后的天气预报，看看海南天气怎么样。

过了大概一个多月，海南国际信托投资公司给我发了录取函，我就准备起身再去海南。这次去了以后就没回成都，总之就决定在海南泡下去了。后来成都的单位在 1988 年底，也就是我去海南 1 年以后给了我一个除名通知，说该同志请假以后就没消息了，长期旷工予以除名。

我到了海口，结果这个海南国际信托投资公司不知道什么原因，说我来晚了，最后我就没去这个公司上成班。在海口晃了半年，住在海军招待所。1988 年夏天的某一天，天气非常炎热，吃过午饭后我倒在招待所床上睡着了。朦胧中有人叫我，当时我的脑袋搁在床沿了，估计已经影响了血液循环，他半天才把我叫醒。睁眼一看是王刚，王刚是王功权的同学，他们俩都在海南开发建设总公司。他和王功权得知我住在这儿，就马上来找我，问我愿不愿意进开发建设总公司，我说我当然愿意了。

当时号称 10 万大学生下海南，其实大部分都是在海口聚集。刚来的时候为了谋生什么都做，这些人里有擦皮鞋的、有卖馄饨的、有路边卖艺的。虽然那时候在经济上很窘迫，但都充满朝气。当时感觉海口是一个非常有活力的地方，这个城市自由、旺盛、向上的风气，应该就是从那个时候开始的。那时候，大多数人并不是为了发财去海南。比如我，需要一个辽阔的空间，看看自己到底能干什么？潜力有多大？哪怕闯过之后知道不行，我也曾经闯过了。就算让我像蝼蚁一样在那儿趴着，至少也让我知道自己能干什么、不能干什么。

“万通六君子”的说法，是这样来的

再后来，我们几个在南德公司干了快1年，那个时候认识了冯仑。当时他说海南有个农村综合改革试验区，可以自己办公司自己干，后来我们就真的一起干了。我一个发小通过西南财大的资源关系和经验，帮我们把万通的公司成立起来，他提供财务支持，冯仑对接试验区的政府资源支持，我具体负责资信这一块。

至于后来广为流传的“万通六君子”的说法，是这样来的。当时万通成立不久，冯仑写了一篇文章《披荆斩棘，共赴未来》，在《海南开发报》《海南经济报》和《中国青年报》等报纸发表。署名是我们万通公司的6位常务董事。这篇文章是我们战略讨论会的结果，但实际上文章是冯仑一个人执笔写的。大体是说一批60后仰望星空的年轻人，在经济领域以一种新的合作模式联合起来，要干经济，还要有远大理想。估计最早“万通六君子”的说法就是从这儿来的。所以其实这个名号就是冯老大和媒体互动形成的结果。因为我不怎么爱跟媒体打交道，我总觉得媒体上经常体现的只是一些财富故事，中国人常说“修身齐家治国平天下”，其实财富故事在我眼中算不上多伟大的事，挣钱而已。但因为冯仑是体制内出来的，这个人绝顶聪明，对于文化宣传和推广这些东西，有他独到的认识。正好又遇上改革开放的时代，媒体对于经济领域的热点事件、人物都感兴趣，所以就有了“万通六君子”这么一个流行说法。

在我亲身经历中，海南的发展有这么几个节点。1990年是个节点，房地产开发热。还有就是，1991年海南要设立农村综合改革试验区，这个试验区有极大的自主权，比如说你在试验区里面就可以注册公司。早年在中国办公司是一件非常艰难的事情，那时还没有《公司法》，你要么是个体户，要么只能是国有企业或者事业单位，完全没有“有限责任公司”这个概念。正好那个时候遇上冯仑，他说海南搞了个农村综合改革试验区，我们回去可以办公司、自己干，所以说，如果没有这个制度创新，没有把“办公司”这个口子放开，大家也就没有机会办公司自己干。后来是 1993、1994 年的经济调控，那时候很多人在海南败落纷纷回内地。然后，2000 年也是个节点，2000 年以后海南就基本上往上走了。接下来 2010 年又是个节点，中国房地产高潮期。

后来我们这几个人都有一些作为，我觉得首先是时势造英雄，刚好碰上了中国改革开放的时代，大家有机会以海口为平台，初步尝试着做自己的事业。第二个是运气和机缘巧合，这 6 个人能碰到一起，而且 6 个人都不是脾气特别火爆的人，互相都有足够的容忍度。大家鼎力合作，在企业有风险的时候，一块想办法把风险规避化解掉，在发展的阶段各展所长，共同把企业发展起来。

当时的海南是早期经商行为的孵化器，对最早这一批做企业的人是一种培训。当年并没有房地产这个行业，就叫炒房炒地，通过这些经历大家被培训出来了。所以海南是市场经济的历史源流，是我们那一代有梦想年轻人的孵化器，它把整个中国的市场经济的机制给“孵化”了出来，孵化了一批真正的创业者，也孵化了房地产行业。那种力量巨大无比，意义也很深远。

海南在我心中的分量很重

对于我来说，最熟悉的城市第一是北京，第二是海口。海口算是我的第二故乡，虽然我现在定居在北京，但是每年至少要回海口一次。因为我是个文艺青年嘛，海口有很多让我难忘的场景，它在我心中的分量很重。

记得海南建省之后，海南省就有围棋协会了。我喜欢下围棋，在围棋协会认识了许多哥们。那时候大家喜欢一起坐着聊天吃饭，说是抱团取暖吧，也不是太准确，毕竟不是很悲催而是欢乐多一点。但大家都在异乡为异客，至少在一起有种互相关心的氛围，也有一起娱乐的快乐，我觉得那种感觉非常好。

那时候政府也挺好的，有一段时间我们住在龙舌坡的这帮兄弟，全部都在海南省政府的食堂吃饭。政府的食堂是对外开放的，说明政府一点也不封闭。当时的风气挺好，充满了活力，对未来充满希望。

还有一个难忘的故事，也很好玩。我印象中是 1988 年还是 1989 年的春节，当时一帮哥们都没工作，也都不愿意回去过年。正月初二那天，一帮哥们琢磨着去哪吃午饭。突然一哥们就讲，他和一个海口本地的打字小妹很熟，说两人就是纯洁的朋友关系。那时候人与人的关系都比较单纯，这哥们就马上打电话半开玩笑地对小妹说，我们去你们家坐坐吃顿饭怎么样？对方立马说欢迎，你们来吧！结果一帮闯海的哥们，十几个人直接冲到别人家里去了。那时候海南人特淳朴，小妹家里人看见来了一帮大陆人，也很高兴，很欢迎我们。结果人家家里主人全部下桌，给我们腾出位置来，又加菜热情地招待我们。吃完饭我们纷纷道谢就走了，从此再也没见过这个小妹。当时的海南人真的是非常淳朴，非常好客。

我走过很多地方，对海南的感情是最深的，海南有很多让我怀念的人和事。一个人喜欢一个地方，大概跟自己的性格也有关系，这也是我喜欢海南的原因吧。

摄影：曹遷

海南岛这样的地方，全世界没有第二个

潘石屹 ／ SOHO 中国董事长、联合创始人

海口珍物

椰子树

我的珍物是椰子树，让海风吹歪了的椰子树，这就是我心目中的海南岛。第一次上岛，我记得滨海大道旁边就是海，那个地方就有成排的椰子树。有天晚上我睡在滨海大道旁边的沙滩上，那天晚上在那儿睡的人很多，睡觉的时候每个人都穿条短裤，把自己的衣服埋到沙子里，感觉睡得很踏实、很安全。树下的沙滩，特别美好。

现在只要看到椰子树还是会想起海南。

扫描二维码，
观看《岛屿人生 · 十问潘石屹》

潘石屹自述

我 1963 年 11 月出生，甘肃天水人。到海南是 1989 年的七八月份，当时天气特别热。

那一年，我所在的公司在海南岛成立了一个分公司，派我过去。我是从深圳坐着大巴到广州，再从广州坐火车到湛江，然后从湛江坐车到海安，到了海安以后再坐船到海口的秀英港去。一通折腾，当天大概太阳落山之后到了秀英港码头，然后坐中巴到了海口市区。

“1987 年到 1988 年去海南的人，是全中国不太安分的一批人”

上海南岛后第一个感觉是电力严重不足。大同路跟龙华路的路口，那个地方有好多清补凉，还有什么藤（编者注：鸡屎藤，一种海口的当地小吃）。我喝了一碗清补凉，喝的时候就发现每家商店门口都有一台小型发电机，这个发电机的噪音特别大。我心里想，海南岛就是这个样子的啊？

当晚住在海甸岛甸花新村，第一个感觉是被子全是湿的，特别潮。第二天早晨起来从甸花新村骑着自行车顺着沿江路转，发现这个地方落后到什么程度——没有一个红绿灯，打电话也要拨上十几次才会通，估计是交换机的数量不够，通讯不畅。

我去海南之前已经到了深圳工作。海口跟深圳不一样，我在深圳生活了一年时间，深圳是比较强势的粤语文化，讲广东话，外地人很难融入到里面去；而且当时的深圳人崇拜香港人，看不起大陆人。海南岛不存在这个问题，海南人觉得去的人都跟谁一样呢？都跟宋朝的苏东坡一样，觉得这些人都是文化人。所以，尽管刚去的时候那里的基础设施不是特别好，可是心情特别舒畅。

当时去海南岛的北方人很多。各种各样的北方人都有，有的是婚姻不如意“逃婚”过去的，有的是因为在单位不舒心。我觉得 1987 年到 1988 年去海南的人，都是全中国不太安分的一批人。所以各种各样的人都会在那里找到朋友，生活条件艰不艰苦不要紧，真正能找到一些坐在一起聊天、交流思想的朋友是特别重要的。

那个时候，一些人天天抱着吉他唱歌，还有做诗的。好多人没有住的地方，因为海南岛天气暖和，大家就跑到沙滩上去睡。我记得在东湖那边有一个小人才市场，还有一个人才墙，大家老往上面贴信息，公司贴招聘启事，个人就往上贴自荐书，一层一层地贴，我记得应该到 1990 年初这个人才墙还在。

在当年这就属于不好的性格——不安分。去海南前我的单位是今天中石油的前身，当时是国务院下面的一个部，叫石油部。单位工资高、福利好，80 年代我下海前工资已经是 101 块钱了，我爸爸工作好多年的工资才 60 块钱。就是因为不安分，从单位跑了出去，好多人不理解。按照现在的说法就是创新，就是想要不断尝试一些不一样的东西。

一旦下海以后，体制内就回不去了。还有一批人出国了，可是出国需要的经济条件我没有，所以就选择去了海南岛。当时海口比深圳还要开放，海南是当时中国最大的经济特区，一个省都变成一个经济特区了。所以就冲着它去了。

“6 个人凑到一起办公司，把周围的朋友‘吓得半死’”

说说我们六兄弟怎么凑起来的。去海南岛之前我在深圳一家砖厂上班，砖厂老板收购了海南岛这边的一个砖厂，就在秀英长草岭这个地方，收购过来以后让我去做厂长和法人代表。在厂里干了一年多，才慢慢跟他们 5 个人聚起来。

我先跟易小迪认识，他在海口办了一个印刷厂。我经常去他那儿吃饭，有时候我这边赚点钱也请他吃饭。我记得他常常跟我说，“潘总，你要过来吃米饭的时候，我们两个人就叫上一个菜。要是吃面条就不叫菜了，因为面条里面有汁，放点辣椒就可以吃了”。我说可以。当时的生活多简单啊！

易小迪是一个热情的湖南人。他在他的印刷厂里常常拿砖头支个锅蒸上一大炉米饭，然后让他弟弟出去买点辣酱，往盘子里一倒，所有人一边吃着白米饭一边蘸辣酱，也觉得很有意思。

后来因为各种原因，我们6个人凑到一起了，要创业要办万通公司，当时把我们周围的朋友“吓得半死”。朋友们说你们怎么可能办公司，你们都不是生意人！其中有一个叫做陈红的女孩子，我记得她是内地一个钢厂驻海南岛的代表。她说你们从来没有做过生意，我才是做生意的，销售钢铁，你们天天谈一些跟生意没有关系的事情。你们要办公司！？不是开玩笑的事情吗？这个女孩子听说我们6个人要办公司，吓得后来再不跟我们往来了。

结果我们6个人真的走到了一起，而且还走得不错。我觉得跟共同的理想和价值观有很大的关系。首先这6个人都是不自私的，我觉得这个特别重要。至于分工，每个人的分工老变，今天负责这个，明天负责那个，而且每个人都按照自己的想法去做，每个人的做法都特别不一样，因为受教育的背景也完全不一样嘛。我们当中，有的是学马列的，有的是学管理的，有的是学军工的，合作的基础就是大家有差异能互补。不像现在这些创业的学生，都是几个同班同学在一起创业，你会的东西他也会，你不会的东西他也不会，这样就没有一个平衡。在综合能力上，各方面没有一个互补性。而那时候万通的几个人，第一，我们之间有民主、平等的气氛，不是一个老板说了算，我们是6个人一起说了算；第二，我们6个人不是同一个学校毕业的，学的也不是同样的专业，我们之间在知识结构和能力上有很大的互补性。

我记得赚到第一笔钱的时候，我们在靠海边的泰华酒店旁买了2套房子。我们6个人如果按照年龄、按照贡献、按照房子的需求分，冯仑结婚有小孩了，王功权也结婚有小孩了，本来按理说这2套房子应该是先给他们两个人，结果这两个人都说不能要。到了最后，这2套房子给我一个人1套，给王启富和刘军两个人1套，就这样分了。真的是没有任何理由，这房子就得分给你。我说我不好意思搬进去，他们说你必须搬进去，这就是我们的分配方案。

万通当年之所以成功，是因为6个人实行了民主管理，股份都是平等的，每个人的发言和话语权都是平等的。我们不贪图钱财和权力、不贪图控制欲，才能不断往前走。另外一个原因我觉得是大家都想干一点“伟大的事情”，干一些促进社会进步的事情。你要看我们当年写的、发表在《中国青年报》和《海南开发报》上的那篇文章《披荆斩棘，共赴未来》就明白了，那是当时我们 6 个人在反思、在统一价值观的时候，在没有电的情况下写出来的。

“中国散伙人”

“分手”是一个容易制造矛盾的话题，关于我们 6 个人如何分手，我就不说了。当时因为这个话题，冯仑写了一本书《野蛮生长》，引得大家特别不高兴。后来我跟冯仑通电话，他说当时的历史都记不清了，大家就各写各的吧。我觉得以后如果有一天，到了我们看得开的时候，成熟的时候，能够把这些问题想明白的时候，应该拍一部电影。这个电影的名字我都想好了，叫《中国散伙人》。

分开后我离开海南到了北京，办了 SOHO 中国。我们几个虽然分开了，大家还是向好的方向发展。

回头总结一下海南的创业史，我觉得海南岛培养了我们的能力，不但能力提高了，胆量也提高了。尤其是跟着冯仑和王功权，信心爆棚啊。还有一点很重要的是，在海南岛创业的过程中，对于财富的积累都是放在第二位的，放第一位的是做事情的原则，哪些事情该做，哪些事情不该做。一个人把握住自己做事情的原则是特别重要的，这样你心里面才能踏实和安心，这样你整个事业才能够做得久远。

“他们 5 个人都比我聪明！”

用一个词来评价其他的 5 位兄弟，我觉得他们一个共同点就是很聪明，他们 5 个人都比我聪明。先说王功权，他是一个有情有义、很真诚的人，我觉得真诚是有力量的。

冯仑是一个战略家，非常聪明。6 个合伙人里面，他是一个核心，这个核心不是说生意场上出主意，而是他让我们树立信心，给我们力量。

我觉得易小迪可能是我们 6 个人里面最有智慧的人，他的智慧不是表露出来像冯仑一样要不断地说，而是另外一种方式。

王启富尽管岁数比我小，却像老大哥一样。刘军是冯仑的小兄弟，他们两个的性格、做事情的方法都比较合得来。我跟刘军一起共事的时间并不是特别多，印象最深刻的是刚成立公司，紧张得不得了，那个时候又没钱又没有市场。他谈了一个对象，后来失恋了。失恋了就失恋了，结果他一边抽烟一边用烟烫自己的手，到现在刘军手上还有一个大疤，就是烧伤的一个疤痕。我第一次看见一个人失恋了天天拿烟头烫自己，烫完以后过了两天到医院去包扎，怕感染。

“海口跟中国其他任何地方都不一样”

我在南方的城市呆过，北方的城市也呆过；在中国的城市住过，外国的城市也住过。像海南岛这样的地方，全世界没有第二个。

海口跟中国其他任何地方都不一样。海口是一座年轻的城市，没有负担的城市，同时也是中国市场经济发展最早的城市。当年其他的地方还在搞计划经济，海口这个城市已经是市场经济的实验室，尽管犯了很多错误，可是在这里让大家迈出去试了一步。我觉得这个地方对中国今后的大规模发展特别有意义。而且从地理位置来说，它是中国少数全年都比较暖和的地方，从居住来说是一个非常好的地方。

我理想中的海南岛应该是一个很有吸引力的地方，不仅吸引中国人，还能够把全世界的优秀人才、资源、技术都吸引过去。希望未来海南岛变成一个非常市场化的，非常自由的，既能够出思想，又能够出科研，还能够出经济成果的地方。

摄影：潘石屹

我们在海口做了一件改变房地产行业的事

王功权 ／ 风险投资家、北京青普旅游文化发展有限公司董事长

海口珍物

苦瓜

如果说有一样东西可以算是连接海南的珍物，我选苦瓜。有的人吃东西会挑自己熟悉的东西，有的人会专门挑自己不熟悉的，我属于后者。我是北方人，去海南之前从来没有见过苦瓜，第一次入口就觉得，哇！什么东西？怎么这么苦。记得那会儿刚到海南，经济能力有限，常吃的只有炒苦瓜和空心菜。开始很不爱吃，于是强迫自己吃，吃着吃着就习惯了，再后来就慢慢喜欢上了，现在变成“一怒就点”的菜。每次一吃苦瓜，随着这特有的味道，很多关于海南的往事就会回到记忆里，难以磨灭。

扫描二维码，
观看《岛屿人生 · 十问王功权》

王功权自述

我 1961 年出生。1987 年之前在吉林省委宣传部做机关工作。1987 年听到全国人大通过海南建省、建特区的消息，心里激动又躁动，终于按捺不住闯荡的心思一路南下，挤火车、坐轮渡，折腾了 30 多个小时后到达海口。那是 1987 年 10 月份。

在海口找工作、填表格，然后回老家等录取，谁知一等就是半年，毫无音信。后来实在等不住了，1988 年 4 月干脆辞了公职，留太太孩子在吉林老家，自己揣了 300 元现金再次上岛。看报纸、查号码、找单位，去了海南省开发建设总公司。那是一家国有企业，我从分公司的办公室主任干起，做到分公司的总经理。后来因为一个偶然事件，1989 年离开海南。1991 年再次回到海口，和朋友们一起注册了一家实业开发公司，从此开始了一段生命中难以磨灭的海南人生。

“从未有一座城市能如此地跟自己的生命连接在一起”

我上岛那会儿二十六七岁，之前工作了些年，太熟悉机关单位那种环境，所以一门心思奔着新的希望和自由而来。当时中央给了海南岛超乎想象的优惠政策，感觉一切都是新的，未来不可预知。对到底哪些东西真的属于我们、跟我们有什么关系当时并没有多想，只觉得海南建省办大特区是有希望的，所以就这样去了海南。一上岛啊，立刻觉得一股热浪扑面而来，不光是温度混着湿度的热浪，更有一种处处人才涌动的热气腾腾的浪潮，那种冲动让人热血沸腾。

那时海口三角池一带最高的楼好像是海口宾馆，不过五六层，海府路上有个和平大厦也就几层高。当时我在海口老城那边工作，两层的小房子顶上，晚上有丰富的夜生活，每天都有一群闯海的年轻人在楼顶抒怀。因为靠海，所以每个人都会不自觉地泛起很多情怀、浪漫在心里面。我那时候和大家一样，自己也写诗写歌，写点像“流萤点点，海风阵阵，推平这荒野，种下我们不灭的决心”之类的文字。

后来做房地产是顺势而为，因为我最初工作的海南开发建设总公司一直涉足这个领域。1991 年跟一起创业的冯仑、王启富、易小迪、刘军和潘石屹凑了 3 万块钱，注册了一家实业开发公司，彻底进军房地产业，这也就是后来大家都知道的万通。我们买房子买地、卖房子卖地，算是最早进入了这个行业吧。创业初始，企业困难很多，条件也比现在差很多，但每个人都热情洋溢，每一天都奔着希望，燃烧着青春。因为大家都是闯海人，相互之间非常理解并充满了信任。比如那时候找港澳信托的王志刚借钱，我就记得好像当初借个几百万几千万元的资金也就是一个电话里就能说好的事儿，电话打完了以后喊财务过去办个手续，拟个合同就齐活了。可不像现在，又是抵押又是担保，手续繁琐、合同厚得要命。再比如，我记得那会儿在篮球场上认识的一哥们，也就点头之交，通过打球认识才不到半个月。有天他突然跟我说能找你借点钱么？他说自己是陕西人，老妈病重需要回去，但没有车费。我看了看他手里的电报，当即把头天发的 289 块工资拿出来，说咱俩分了，一人一半。后来他看完老妈又回到海口，我们成了很好的朋友。这些事情现在说起来简直不可思议，当时因为大家都是来闯荡的，都不容易，有很多共鸣，也就有了共同的理解和真诚。

在海南多年之后，我回到内地。以后每次再回海口，我都会从心里莫名产生一种酸涩的东西，不知道是为什么。其实海南当初并没亏待我们，留下来的也都是美好回忆，怎么会有这种淡淡的酸楚？后来仔细想了一下，也许是当初对海南期望太深有关。当时对这个全国最大的经济特区所期盼的开放、自由、包容后来并未达到想象中的高度，不能不说是一种遗憾吧。说回我们那个行业，其实那时根本没有意识到，我们做了一件改变房地产行业的事，回头看才发现很多事情具有划时代的意义。那会儿的我跟很多闯海的年轻人一样，都是跟着感觉走，有什么机会就做什么样的事情。但是毫无疑问，这样一种经历影响了我自己的一生，成为生命中一段非常重要的记忆。同时对海南这个地方也有着特别重要的一种情感，感觉从未有一座城市能如此紧密地跟自己的生命连接在一起。

“一个战士什么时候该出征就本能地走了”

1994 年下半年整个海南房地产泡沫破灭后，很多企业困顿其中，大家纷纷离开海南回到内地发展，万通算是成功撤退的企业之一。我个人离开海南后去上海工作了 1 年，然后又去北京 1 年，依然是房地产行业。1996 年把企业交给朋友打理，自己去硅谷待了 3 年，主要做一些风险投资业务。说到这事，还得感谢海南省特区政府，当时特批了 99 万美金外汇，有了它我才可能代表万通去硅谷成立万通美国公司，并开始涉足天使投资领域。

我在美国那会儿正逢互联网热，赶上新技术革命的大潮，当时我差不多做了 11 个投资案子，有 6 个后来都上市了。1999 年我回国加入一家风险投资基金，正好又赶上互联网进入中国，我投资的一些企业后来都成了中国互联网行业的著名企业。投过的很多项目也都具有重要的产业意义，比如学大教育和奇虎 360。还投过一个多晶硅光伏企业，成功解决了困扰中国几十年的半导体产业之痛，把我们国家半导体应用于太阳能领域的梗阻一下子解决掉，产品迅速普及到人们生活之中。每一个产业在跨越技术壁垒时是需要有人、有企业去冲的，我做的就是助推之事。比如早期还没人去做的远程教学、网络大学等这个行业的事情，我当时就率先去做了，为此到处拉投资，投的这个企业也成为中国远程学历教育第一家，后来跟一些大学合作后成功在美国上市。

总之，一种新产品从最初的研发阶段到投入应用，整个过程并不容易。我们为此做了很多开创性的事情，并且发现风险投资这件事在某些领域里能够改变世界，所投资的企业如果兼具正面引领社会之功能的话，更具非凡意义。这需要投资人不只为赚钱，还要有强烈的社会责任心。这是一种使命感的驱使。使命感就像是天使头上的光环，所以叫天使投资。

如今风投已是业界常态，为国家经济的方方面面起了重要作用。就我自己而言，我只是国内很早开始做这件事的人，也是国内工商企业家里去美国硅谷学习风险投资最早的一个。2008 年中国政府搞过一个改革 30 年回顾活动，表彰一些领域里的初始领军人物，我成了风投界获得证书和奖杯的唯一一人。后来我曾出任中国创业委员会首届联席会长。

说到底，我很感谢这个时代，它让我赶上一个好时期，自己的事业能跟一场席卷全球的新技术应用革命结合在一起，

2011 年我退出风投行业和基金行业，辞了所有职位，去美国哥伦比亚大

学东亚研究所做课题研究，研究中美金融体系以及其他课题。2015 年再次创业，创办了北京青普旅游文化发展股份公司，做人文度假服务。在商场摸爬多年自然容易看到新商机，所以这次创业也没想太多，像一个战士什么时候该出征就本能地走了，没那么多悲壮也没那么多英勇。

“海南这段经历已经深深影响到我一生”

回顾人生道路的选择，基于我的经验，我的总结有 3 点：第一是抢占先机，永远走在时代的最前端，追求最前端的东西，关注潜在性和趋势；第二遵从自由的内心。做之前考虑，这事是不是我很渴望去做的？一条路就算你觉得方向对，但如果我觉得很痛苦我就不走；第三不管怎样，在这个过程中坚持做人做事的基本良知和准则。最后再加一个就是做事努力，尽可能把事情做到极致。就算做不到，也要让人明白你尽力了，已经尽可能投入了情感和努力。

经历这么多年，几个行业做下来，我自己性格依旧，除了身体、年龄有变化，头发白了一些，其他没啥变化。貌似成熟实际上依然单纯、幼稚、直接。最重要的是，我一直在提醒自己不能保守，要关注新技术、新应用。如果让我重新选择自己的人生，我也不知道其他道路是否会更智慧、更幸福或宁静，但自己的这一生，从经历阅历、体验价值等方面来看还是尽力了，对自己的选择从不后悔。人一生最重要的，不是做多大官、挣多少钱，而是是否自己尊重自己、是否回过头来无太多遗憾。从这点来看，我做到了。

二十多岁的时候，我渴望自由，带着梦想带着理想闯荡海南，就像小鸟渴望在天空中自由翱翔，希望看到蓝天、看到美丽大地。这一切既是对自己人生的渴望，也是对这个国家的渴望。几十年下来，所有的变化见仁见智。就我自己而言，海南这段经历已经深深影响到我一生，回望人生，最怀念的仍然是

在海南的岁月。不管后来走到哪里，我始终觉得自己是个闯海的人，对很多事都保持着热烈追求的激情，努力去做，努力前行，这是闯海经历带给我生命的影响。

多年过去，我会说“去”北京、“去”上海，但从来都是说“回”海南，这是因为有强烈的归属感在里面。那是一个火热年代，我一生中最青春的一段时光给了海南，那也是对我一生影响最大的时光。所以回海口就有一种回家的感觉，没有哪个城市能像她那样让人有这种特殊感觉。这是一座移民城市，大家说话南腔北调，多种文化繁冗混杂，你很容易就置身其中，没有隔膜没有生疏感。坐下来一起吃饭，椰汁和汤粉游刃其中，毫无违和。这种强烈的自由、开放、包容既属于海南，又属于全国人民。而且那时的海南跟其他地方不同，还有一份清新、年轻的气息在里面，像二十多岁的青年，所有在海口待过的人应该都会有这种感觉。

直到现在，每次回海口，一出舱门，潮湿的空气扑面而来，就觉得我回来了，回家了。

摄影：潘石屹

1988年，
我给海南省委书记写了一封信

王启富 / 富鼎和基金董事长、蓝天绿野体育公司董事长

海口珍物

一张在“天涯海角”拍的照片

我的珍物是一张照片，是我在天涯海角拍的照片，这也是我当年在海南经历的写照。那是1989年春节的事，当时我从海口一个人骑着一辆二八自行车到了天涯海角，回来还写了一句话，不敢说诗——“千里独闯天涯，含笑自对人生”。出行前朋友们都说不安全，事实正好相反，沿途我得到很多人的关照，甚至免费住在当地人家里、免费住到星级酒店里。

千里独闯天涯，含笑自对人生

扫描二维码，
观看《岛屿人生 · 十问王启富》

王启富自述

我是大连人，1963 年情人节前夜出生。本科哈工大激光技术专业。大学毕业分到天津航天的研究所，专门做海防导弹。我英文名字叫 George，跟 George Washington（乔治 · 华盛顿）一样，我的理想是“当总统”，当时我就是因为心怀这个理想去的海南。

省委书记邀请我去参与海南的建设

上大学的时候因为想“当总统”，毕业工作 1 年后，去了中国政法大学读第二学历学法学。1987 年我就考了律师，是中国第一批通过司法考试的律师。

我申请去海南是有所准备的。1988 年，当时报纸铺天盖地地报道海南建省的信息，我本来就想从政，想为国家的改革贡献力量，这正好是个机会。我给当时的海南建省筹备组组长、后来的海南省委书记许士杰和海口市委书记林明玉各写了一封信。他们都给我回了信，邀请我去参与海南的建设。我记得后来好像是海南省人才引进办邀请我去的。

去海南之前我已经拿到了工科和法学的毕业证，同时取得了工程师和律师的执照。到了海口以后，最早要把我安排到法院，我说我不感兴趣，于是找到时任海口主管城建的副市长，说我想从政，想去省委省政府。他说这样吧，我给你找个地儿，然后他就引荐我去见海南省开发建设总公司的总经理秦刚。秦刚问我，你想做什么工作。我说我想从事经营管理。他说，据我所知目前我们公司只有我一个人从事经营管理工作，你先当办公室主任吧。于是我就先呆下来了。但我那时候还是不甘心，想从政、想干轰轰烈烈的事情。你想想啊，房地产，多俗！后来我打听到省委体制改革办公室还在招人，就去找体改办副主任迟福林，我说我是热血青年如何如何……他说好，那你等着。迟福林马上一个电话把冯仑喊来。冯仑当天穿了个红袜子，领着我就走了，同时也任命我为办公室主任。

后来两个“办公室主任”（开发建设公司和体改办）的聘书都到手了，工资分别是 2 千块和 1 千块。最后的结果是，我选了收入低的体改办，跟冯仑做了同事。那是 1988 年七八月间的事。

我是 1988 年八九月份正式去海南工作的，在改革发展研究所。进入单位以后，我们很快就开始做调研，我当时带了一组人去走海榆西线，冯仑带了一组走海榆东线。后来我们东西线两个组形成了一个报告，印象特别深，就是关于海南自由岛这个建议。多年以后，2009 年海南国际旅游岛建设正式上升为国家战略，我觉得跟我们当时的研究不无关系，我们觉得很自豪。

1988 年的海口很“热”

1988 年的海口天气很热，改革也很热。

那时候叫“十万大军下海南”，热血青年特别多，社会也热情高涨。刚上岛我们住在军区第二招待所，在省委省政府对面，简称“二所”。印象是到了一个热火朝天开始建设的地方，一切都刚刚开始。

当时海南是中国最大的改革试验田，大家都把海南当成事业开始的地方。那时候光想着以天下为己任，身边都是热血青年，都是有志之士，内心觉得很快乐，加上每天冯仑给我们讲故事，我觉得时间过得很快。

1989 年 8 月份以后，我离开了海南。因为我们体改所面临机构调整，说是要暂停一段时间，我就跟冯仑回北京进了牟其中的南德集团工作。后来功权也来了南德集团，刘军也跟着过来了，所以我们 4 个人又在南德集团汇合。

再后来我们 6 个人又聚到一起，我算是个桥梁吧。最开始我在开发建设总公司，跟王功权、刘军是同事，后来去了省委体改办，跟冯仑、易小迪又做了同事。到了 1990 年的下半年，我再次回到海南，自己做纸张批发生意，后来易小迪做印刷，潘石屹搞培训，我们仨又变成了合作伙伴。这时候，冯仑、王功权、刘军他们也陆续回到海南，然后说一块来做公司吧，我们就把别的生意给停了，6 个人又聚到一起，做了万通这个公司。

1989 年单人环岛骑行

海南那些年最大的财富，一是结识了这几个好朋友、好兄弟，二是我在海南做了件疯狂的事情。1989 年春节，我从海口沿着海榆东线到三亚天涯海角、鹿回头，然后又从中线骑回海口，一个人骑着自行车环了海南一圈。

骑行路上两件事情给我的印象特别深刻。一是我骑到亚龙湾一个别墅宾馆，大堂的服务员问我从哪来，我说从海口骑过来。他就往里狂奔，大声喊，说张总这里有个人从海口骑单车来，然后就看到“张总”从里面狂奔出来说“骑车来的？免费住！”我听他们的语气感觉我好像是从纽约来的。那个时候春节旅游的人很少，骑行的人只有我一个人。

第二件事是当时往山路上骑，看见有两个人扛着猎枪，我问他们打什么，他们说打野猪。我听后当时骑着骑着就犹豫了，我心想，这辈子还没结婚呢，让野猪吃了会不会有点冤？后来我再看山上，有两栋农舍，我说人家住一辈子都没问题，我这一辈子只走这一次要是让野猪吃了那是活该，于是就继续往上走。结果什么也没碰到。后来我就想，其实很多困难是自己想象出来的，你只要勇敢去做就有可能成功。我后来总结了一个公式：成功 = 勇敢 + 智慧 + 坚持。

我是个闯海人，闯海人这个概念，我觉得就是“理想主义”的代名词。大家之所以闯，是因为希望实现自己的梦想，而闯海文化的精髓我觉得就是勇敢跟乐观。乐观很重要，就是苦中觅甜、以苦为乐。好多人说你们很勇敢，下海，怎么能说下就下。我说其实很自然，没有太多地去想退路，只想着以天下为己任，以理想为目标。想太多就被掣肘了，没法前进了。

“成功是因为我们正好站在舞台的中央，灯光也恰好朝我们打来”

其实没做生意之前，大家所说的“万通六君子”就是好朋友。我们最初是因为理想结识的，又都对改革感兴趣。但是后来形势发生变化，我们转为从商，也就自然而然走到了一起。

公司最早不叫万通，叫海南农业高技术投资联合开发总公司，16 个字，简称农高投。1991 年还没有《公司法》，不允许私人注册公司，都是挂靠，挂靠到国企，给他们交管理费，我们也是这样注册的公司。我印象特别深，当时是凑了 3 万块钱。我是个体户，有一点钱，出了一万五，易小迪出了一部分。然后去注册，光注册费就要近万元。注册完了执照放在王功权家床底下。根据政策，后来可以自己注册公司了，就改名字叫万通。

后来我们在龙城大厦租了个办公室，还自己隔断后做了宿舍，我跟易小迪一个屋。回头想想当时挺艰苦的，但是那时候没觉得，就觉得挺好的，还蛮有意思。我记得当时我负责开办公司采购办公用品，有一次拿着钱去买东西，包被割了，钱被偷了，第一个月的工资就这样全补进去了。

事业刚开始的时候，每个人都很勇敢，当时也没想好做什么。公司成立以后，看农业这块其实也不是那么好做，反倒觉得房地产是个好机会，又做了房地产。后来把潘石屹也当作人才引进过来了，我也算是他的伯乐。我们公司当时卖第一套房子其实挺艰难的，潘石屹来了就负责卖，结果卖得挺好。1992 年邓小平南巡后，房地产市场一下就爆发了，所以我们很快就完成了第一笔交易，开始真正进入房地产开发行业。

当时我们的分工是这样，冯仑任董事长，王功权是法人代表、总裁，当年叫总经理，然后我们几个人都是副总，6 个人都任命为常务董事。潘石屹负责营销，我负责投融资，易小迪去了南宁，负责在广西的发展。那个时候的想法我们叫“实业报国”。其实想想，当时自己更大的规划的确就是报国，想通过做好企业的方式、想把企业做大做强，为国家发展做贡献，就是这么个想法。所以1992年就开始在省外布局，我在深圳、潘石屹在北京、易小迪在广西，王功权后来去了美国。由于万通公司在岛外、省外甚至海外的布局和发展比较平衡，没有把所有鸡蛋装在一个篮子里，于是风险也得以分散，避开了1993、1994年的波折，为自己赢得了新的发展机会。

当时万通的快速发展，我觉得第一还是得益于天时，也就是国家的发展、海南的发展、还有政策因素，包括邓小平南巡讲话带来新的动力和发展的机会，这些都是大势所趋。第二是因为我们的勇敢。当时其实真没有那么懂，但是回头总结一下，就是我们这些人当时对国家的政策、国家发展都比较关注，或者本身也参与了相关的政策研究和制定工作，加上之前我们中间的几个也有做房地产的经历，那时候在北京，南德公司也涉猎房地产，所以说我们是带有房地产基因的。加上正好有机会就抓住了，结合了我们几个在房地产行业的积淀，自然而然就参与其中了。

我觉得我们现在之所以受到大家的关注，或者被朋友、社会鼓励，称呼我们为“六君子”，也是大家对我们的鼓励和奖赏。这其中最主要是大家认可我们最大的一个共同的特点——都是有理想的青年，都喜欢读书，都是平民子弟，然后刚好汇集到一块，大家也很努力，结果也都还做得可以。就像一出舞台剧火了，不是因为我们长得多帅，而是因为我们正好站舞台中央那个位置，灯光也正恰好朝我们打来，是踩在时代的节点上了。

分手，是因为6个人都太能干

分手应该是1996、1997年的时候。

回头想想我们当时分开也并没有多大分歧，主要是对业务的认识上，是在业务的多元化、在公司发展战略上。我们几个有的想稳健一点、专业一点，有的想快速一点、扩大一点。万通的业务当时也处在青春期，什么都想做，当时除了做房地产，还想做商业，又想做航空、做电影。所以大家都比较困惑，有同意的也有不同意的，都想自己决定。后来想想，还不如大家分开各自自己来定。只能说 6 个人都很有主意、都太能干了，一个公司盛不下，所以大家分头干可能更好。我觉得分开也是自然而然的事情。

离开万通以后，我做了投资，也做实业。开始在深圳，后来又来到了北京。

这一段创业史。像刚才说的，当年我们不就用了 8 个字，叫“披荆斩棘，共赴未来”，后来也说是实业报国，再后来冯仑也经常用“勿忘在莒”，现在叫不忘初心，也就是告诫我们不要忘记最初的理想。我现在更希望用另外 8 个字：“海纳百川，上善若水。”我们这些朋友随着时代的潮流，在海南岛汇合，然后不断去努力，不断调整自己的目标，每个人终于都有所进步。

现在咱们六兄弟还经常在一起聚会，也交流一下对经济、发展的看法，分别还都有项目合作。潘石屹是专业级摄影师，最近挨个给我们拍照；我是骑行爱好者，鼓动他们都骑车，除了我，潘石屹和冯仑也都喜欢骑自行车，我还想说服其他人一块骑行。

从我的角度来看其他 5 个兄弟，我觉得冯仑是思想家，有很活跃的思想，有很好的文笔和语言，通常可以深入浅出，用通俗的语言说出大道理。王功权有诗人的浪漫气质和情怀。潘石屹是天生的企业家，商界赵本山，生来就会做生意。我说我们做这一行很多人都是靠学来的，他是本能不用学。易小迪是智者，是一个有智慧的人，人也很好。刘军，是一个勇敢的人。

海口，意味着梦想开始的地方

海南那几年，最大的收获是对社会，对人生的认识。然后也结交了很多好朋友，收获了信心，积累了经验。海口意味着梦想开始的地方，对我的人生很重要，那可是 25 岁到 30 岁的青春啊。

海南正在吸引越来越多的人去度假、生活和工作，对我们来说尤其独特，有不一样的价值和感情在里面。虽然目前我在海南业务不多，但正在尝试体育方面的可能性，也在探索房地产、文化类的投资。希望能跟海南有更多的联系和往来。

现在回想，当年去海南千里迢迢，非常不容易，我们都怀着一颗勇敢的心。后来我们在海南创办万通，这期间我还做了一件现在想起来很了不起的事——环岛骑行。海南给我们留下了美好的印象，我们还会回来的，祝福海南！

摄影：孙程伟

闯进这片自由的蓝海

吴世平 ／ 原《海南开发报》副总编、《海南经济报》执行总编、中央电视台特别节目部主任

海口珍物

《海南开发报》

1988.2.5
海南開發報
海南开发报社出版 全国发行
人才大潮涌向海南
人才大潮涌向海南
人才大潮涌向海南

我的珍物是《海南开发报》，因为我参与了开发报的创办工作。记得创办之初，我就建议，虽然叫《海南开发报》，但它是建国以来第一份民间报，可以把它弄成一个学术报，报社竟然采纳了我这个意见。还有一件事印象特别深刻，刚刚创刊没多久就建省嘛，我们在《海南开发报》上面用了三排字的大标题——“人才大潮涌向海南；人才大潮涌向海南；人才大潮涌向海南”。这个是我的发明，也就是现在流行的“重要的事情说三遍”。这个报纸还发生了很多不可思议的事情：例如它的刊头是可以根据版面需要变动位置的，这也是当时海南大特区的成果，它允许各种形式的创新和实验。由于这种怪异的、新鲜的形式出现，它在当时轰动一时，最贵的时候我们报纸卖到 20 块钱一份。为什么 5 毛钱的报纸卖到 20 块钱呢？因为当时的人才潮汹涌，报纸在海口的港口可以卖到 10 块钱。那时候上岛还需要边防证，有的人很聪明，买个几百份报纸抬着到湛江。上不到岛要了解海南的消息，就要买张报，卖家就抬价，最贵卖到 20 块钱。

扫描二维码，
观看《岛屿人生 · 十问吴世平》

吴世平自述

第一次来海南是 1987 年。记得当时我们是从新港码头上岸的。有一个情节印象很深，当我们的船行驶到能看见天际线的陆地时，船上的人疯了一样，全部拥到甲板上，站在船头高喊“海南我来了”！还要唱毛主席语录歌，气氛非常热烈。印象真的太深了，那个时候我就发誓：这个场景，以后我一定要拍成电影。

抱着一颗新闻人的初心来海南

上岸后对海南岛的第一印象，哎呦，一片荒凉啊！岛上连工业文明的痕迹都没有。当时其他城市都在用蜂窝煤，这个地方连蜂窝煤都没有，也没有工厂。还有，那个时候海口居然没有红绿灯，交通工具只有我们叫“蹦蹦蹦”的三轮摩托车。大交通也不发达，要上岛往往会先坐火车或者大巴到湛江，从湛江再坐大巴到海安，然后从海安坐船过海才能到海口。对于一个大特区来说，这是不可思议的。

1987 年底还没有建省，但是海南的建设已经如火如荼了。

去海南之前我在中央电视台做翻译，但我其实并不喜欢翻译工作，真正想做的是记者的事儿，天天“违规”跑去新闻部。那时听到海南传来的一些风声，我和北京新闻界的十来个朋友，到海南全岛走了一圈考察，看有什么可做的事。当时海南电视台和《海南日报》都在筹建，我们认识《海南日报》的筹建者陈凯，他原来是《人民日报》深圳记者站站长，当时派他来创办《海南日报》。他邀请我们参与《海南日报》的筹备，也邀请我来工作。而陈凯跟海南电视台创办人鹿松林是哥们，鹿松林也请我们去电视台交流。我这个人比较活跃。慢慢就融入到海南电视台的筹备小组，鹿松林当时就想调我到电视台文艺部工作。

没想到的是，在我们那次考察离开海南前一天，当时的海南省作协秘书长李挺奋给我们这帮北京文化人送别践行。席上说，他办了一个民间报纸叫《海南开发报》，这一下就把我的热情给煽起来了。我们通宵达旦谈了一晚上，我给他出谋划策，聊了很多，比如开创哪些栏目、办报要走什么方向等等。我跟李挺奋说，这是建国以来第一份民间报纸，应该走一条新路。最后他说欢迎你来报社一起干，并把编辑部主任的位置留给我，要求我 12 月 5 号报到。就是这个机缘，让我开始了闯海生涯。所以其实当时来海南，是抱着一颗新闻人的初心。

在《海南开发报》工作非常过瘾

当时我们办报纸完全由自己做主，我的观点和思想能够体现出来，自由度非常高。那时候我们又年轻（我当时 30 岁），都是“疯子”，就想着民间的报纸意味着你可以“乱来”，所以我们的报纸完全不按常规。当时大陆报纸千篇一律，报头都有统一的格式；而我们的报纸排版完全创新，报头我们能随便挪动放到你想放的任何地方，打破了办报的传统。海南是大特区，我们媒体也要做试验，可以说那时候在《海南开发报》工作非常过瘾。

我记得那时候图片版也是空前绝后，当时的广告啊、插图啊好多都是手绘的。这种怪异的形式、新鲜的格局出现在报纸，轰动一时。比如说 1988 年建省这年的 2 月 5 日刊，我们报纸的大标题就三排大大的黑体字——

“人才大潮涌向海南”

“人才大潮涌向海南”

“人才大潮涌向海南”

这种排版可以说是空前绝后的。

那时候我们报纸最贵卖到了 20 块钱一份。本来是 5 毛钱一份的报纸嘛，为什么会卖到 20 块钱呢？当时人才潮汹涌，上岛的人抢着买报纸，在海口港就可以卖到 10 块钱。有的人很聪明，他一天买几百份《海南开发报》，抬着到琼州海峡对岸的海安或者湛江去卖。那边准备来海南的人都还没上岛嘛，上不到岛可又想要了解海南的消息怎么办？就要买张海南的报纸，当时在海峡对岸我们的报纸最贵卖到 20 块钱一份。听说有人靠卖报纸，一个月能挣到 2 万块。我们开发报当时养活了很多人。

报纸有很多讲究，要懂排版、排字号，因为我之前没办过报，什么都不知道，于是就恶补，照相、制版、印刷，全都现学现用。有时候几天几夜不睡觉，就守在印刷车间折腾版面。美编也不懂，我还得教他们。那简直太累了。

有时候报纸的题目来不及制作了，就用手写，忙得一塌糊涂。有时候这边机器还在印刷报纸，我就已经在旁边睡着了。

那时候每天还要接待很多人，因为海南是中国的热点嘛，今天是《基督教科学箴言报》来，明天是日本新闻代表团来，后天是《纽约时报》的。每天都有外国的记者团来，每天至少要安排 3 个小时来接待，给大家介绍情况。虽然辛苦，但那段时间是我做报人时最充实的一段时光，我既能约到想要的稿件，又能在版式上改革，这让我感到很大的满足和快乐。

被海南的市场大潮冲昏了头脑

我 1987 年 12 月 30 号到海南，8 年之后又回到了北京。这个生活的转折是我未曾想到的。

90 年代初期，我被海南的市场大潮冲昏了头脑，后来报纸也不办了，新闻也不搞了，和朋友搞房地产开发去了。我们这帮文化人不懂市场，把房地产当作游戏来玩。刚开始也搞得挺大的，也挣到了钱，但是到 1994、1995 年遇到了经济危机，海南的房地产全部停了，我们遭受了很大的损失。最后只能把公司卖了，清算全部财产。那个时候海南经济滑下来，开始了长达 10 年以上的烂尾楼时期。我们这帮文化人在市场面前，被打得一败涂地。这件事之后我终身都不敢做生意了，打算回去老老实实地工作。然后就回到中央台做纪录片，一直到现在。

现在回想起来，为什么当时要来闯海，主要有 3 个原因：第一，当时全国大量的知识分子都心怀理想，但他们在单位里、在体制内受到压制，得不到发展，于是憧憬当时最大的特区海南，想去闯一番天地。去海南，不光是闯过琼州海峡，更重要的还是闯下这片自由人生的蓝海。这在当时是一种历史潮流，我就是中间的一分子；第二，我终身的梦想就想搞新闻，虽然之前的工作是翻译，但我天天就想着能去一个新闻单位发挥自己的才能，结果到海南就真的实现了；第三，我这个人有理想主义的情怀，在北京觉得比较压抑，而海南是一个比较开放和自由的地方，这里可以让我们自由呼吸和说话。这三大要素促使我来了海南。

闯海这段经历给我今后的人生打下了深深的印记。我很感恩这段日子，因为我们到海南做了想做的事，在某种意义上可以说实现了梦想。在海南也吃了不少苦，但恰恰因为吃过苦，之后人生中遇到的任何苦都不怕了。后来这些年也跌跌宕宕，遇到很多事，但是再苦都不如当初闯海南。其实后来回过头想想这几十年，真正实现了人生理想、体现人生价值的那段时间，就是在海南那几年。

我们是愿意折腾的人，也是愿意实现自己理想的人，那些年的海南没有辜负我们。这是海南带给我们的福报，也是我们的荣幸。

海南是一个很有文化的地方

很多人一说到海南，就是椰风海韵啊、异国情调啊，说海南只有自然风景没有人文景观。我从来没有这个感觉，我对海南最大的感受就是：海南是个非常有文化的地方。

这里讲几个小故事。1988 年，我在当记者的时候经常外出采访，几乎把全岛都走遍了。有一次去到五指山一个黎寨，那里很贫困啊，寨子里都是茅草房。当地老百姓都是少数民族，他们上身都是裸着的，就穿着短裤，小孩一身都是赤裸的。但就在这种环境下，我忽然看到一个对联，到现在也没能看到超过它的对联，而且任何书上也都没有。对联在一个破旧的茅草房上贴着，在破旧的黄裱纸上写的。上联是“肯构肯堂”，下联是“美仑（编者注：应为“轮”字）美奂”，这种古文字模糊和朦胧的美一下子就打动了我的心，好像有醍醐灌顶的感觉。我在那待了很久，打听这房子有没有人住。原来这个房子以前住着一个来自大陆的流浪汉，流浪汉已经死去一两年了，房子就再没有人住了，但对联还在。

还有一次，我在三亚的民间博物馆看到一个稀奇的东西，是什么呢？一个五六千年前铁质天文仪器的残骸。像海南这个没有人烟的地方，居然还有那么精巧的天文仪器，你想想，几千年前，还有人在这里用仪器观测天象，这多么让人震惊。海南岛是离开大陆孤悬海外的一个孤岛，古时候很多文人受到迫害，或者隐居，都会到这个地方来。它就有点像终南山，有高人。我们看到的表面只是些只鳞片甲的东西，事实上它深藏文化宝藏。所以说海南这个地方让我觉得非常神奇，她的文化很深邃，很深厚。

到了当代，海南又融入了新的文化。因为海南岛风景美，越来越多的文化人都愿意在这里创作，留在这里居住。这里慢慢就成了文化人的集散地，所以海南的文化后发实力也很强。这里的文化跟大陆文化比起来，非常特别。海南是热带与亚热带气候。我喜欢海口，首先是因为我特别喜欢亚热带城市。亚热带有季节之分，它一年有 3 个月的秋季，却没有冬季，其他是 9 个月的夏季。第二是因为海口是省会，比较大气。大陆文化从这里登岛，人文在这里交集和融合，这个城市很多元，很有多样性。第三是我喜欢这里的节奏和氛围。改革开放 30 多年，内地城市里基本上一切包括空气都是快节奏的。但是每次我回到海口，出机舱的那一瞬间，一下感觉进入到了幸福的天堂，连空气都是缓慢的。海口的工作节奏、生活节奏都慢半拍，是这个城市最大的不同，也是我们非常喜欢和留恋的地方。这些年在外边奔波疲惫了，就想着要回海口来，它可以安抚你、让你安静，而宁静是很奢侈的东西。在大陆，你想找个安静的地方往往都很难找到，在海南却可以找到心灵的慰藉。这就是海南的魅力，是吸引我们的地方。

30 年来，海南变化很大，你只看海口的城市建设就有很多变化。以前感觉看到最高的地方是海关大楼，只有 5 层；而现在从海上看去，海口像个小香港。整个海南的交通体系，我觉得是全国最好的，高速公路、环岛动车都有。

还有这里的旅游景区，海口火山口呀、东西海岸线呀、各种海湾呀，风景都非常美。而且我见过海南很多还没开发的风景区，一个比一个美，都还是处女地。

海南最美的还不只是这些，而是人和人的感情。那时候就算你身上没有一分钱，也可以到海南。记得有一次在徐闻我遇到一个闯海的女孩，她当时没钱，去坐大巴自然买不了票呀。别人问她要票，她说我什么都不会，就会唱歌。当地人也很好，就跟司机商量说她会唱歌，我们就带她走吧，于是她就一路在大巴上唱着歌到了海安。据说这姑娘后来到海口电台做了主持人。当时这样的故事比比皆是。那时的闯海人和当地人真的都非常善良，有时候想起来就很感动。

想为第二故乡做点事

我们在海南生活过，我们的青春热血全部抛洒在这块土地上，所以说海南是我的第二故乡。我是重庆人，长期工作在北京，但是你要问我最喜欢哪里？第一就是海南！

我们闯海人的精神和情结其实只有我们自己才体会得最深。后来很多当年闯海的朋友，像王功权、冯仑，大家经常互相碰撞、相互沟通，都想着要再为海南做点事情。但是要把所有力量凝聚起来、让它落地，还需要很多条件和机缘。

这些年我们一直在拍纪录片，有不少关于海南的片子，前前后后也拍了十二三部吧！比如《见证海南》《红色娘子军》《南山》《琼崖纵队》等。2009年，我们主导拍摄建国60周年献礼纪录片《见证海南》，因为自己就是海南建省办大特区的亲历者，见证了这段历史，当有这个记录她的机会的时候，我们就加倍珍惜。尽管这个片子本身制作得不够完美，但是它后来能够得到成功、得到公众的赞誉，说明我们的关注点、切入点和其他的纪录片是有区别的。我们有真实的情感在里面。片子解说词也非常的尖锐，提出了改革开放过程中遇到的很多问题。当时片子安排在2009年国庆节播出，一直播到10号。因为是国庆献礼片，上级领导要求我们在片头加了一排字："谨以此片献给建国60周年的祖国"。

最近我还投资了一幅30米长的油画，想要记录所有的闯海人，现在正在创作中。接下来，我还想搞一个雕塑公园，再现当年闯海人的历史，这事一定要做，是我们的理想。如果得不到政府或其他人支持的话，我们就自己做。这些都是反哺海南的行为。闯海人的精神是值得纪念、值得传承的。我们这批最早的闯海人，对这片土地确实有很深的感情！

没到海南之前，我做梦都没想到我的命运会跟海南有关，而且有很深的关系、有永远的关系。这种关系跟一座城市如何改变一个人的命运有关，跟一个人的命运又如何融为这个城市的一部分有关。

摄影：潘石屹

如果不是海南，
我绝不可能成为企业家

易小迪 ／ 阳光壹佰置业集团董事长

海口珍物

一块菠萝

我的珍物是菠萝。因为当时海口特别热，特别容易口渴，又没有钱去买别的东西，菠萝很便宜，于是就吃它。现在我养成了吃水果的习惯，吃得最多的还是菠萝和甘蔗。那时在街上吃水果，是很开心的一件事。你给老板 5 毛钱就能买到快乐。现在每次无论在哪儿只要一看到菠萝还是会想到海南。我记得当时，特别是还是个体户的时候，经常骑自行车出去跑业务，累了不会想到喝杯水，而是一定要吃一块菠萝。

扫描二维码，
观看《岛屿人生 · 十问易小迪》

易小迪自述

我是湖南永州人，去海南是 1988 年底。当时我刚从人民大学计划系研究生毕业，选择去海南算是一时心血来潮。

“来招人的人是谁呢？是冯仑！”

我毕业的时候，深圳的机会已经很少了。1988 年年底的时候，海南刚刚建省，因为我当时在国家体改委实习，对海南建省这个信息了解比较多。当时我是研究生班的班长，就是哪个地方哪些单位来学校招人，都会通知我先看。那个时候正好双向选择，海南也需要人，我就先看到了，于是利用自己的职务便利先去问问。结果来招人的人是谁呢？是冯仑！他当时以海南省委的名义来招人，留了个中央党校的地址，我看到以后就骑自行车直接到中央党校去敲开了他的门。当天我记得很清楚，那是一个很小的房间，里面没有床，一进去看到他在一个床垫上躺着，他感冒了。我进去后就盘着腿坐在地上和他聊。

冯仑当时是筹备中的海南改革发展研究所常务副所长。我一想，他那么年轻就有机会筹备这个所，海南应该真的是年轻人的世界。冯仑是个演说家，他一说就把我说动了，把海南未来改革的前景说得很广阔。因为我也在体改委实习过，认识很多这样的朋友，对这个前景就能够有共鸣。客观讲，当时根本不是什么物质诱惑或者当官的想法吸引我，完全就是被冯仑的一腔热情所感染。因为他讲海南要怎么改革，海南要比深圳还开放。那个时候年轻人的热情跟现在很不一样，一个美好的愿景就把你全部打动了。而且最后还告诉你，海南的条件比北京要差很多，你去不去？

我当时已经是人民大学经济学的硕士。20 世纪 80 年代是一个改革开放、思潮非常自由的年代。像我是 1982 年上大学的，那个时代在大学里，我们看着《走向未来》丛书、听了很多刚刚从海外来的比较前沿的报告。比如我就经常去北师大、人大两个学校听一些开放的学术交流和报告，深受影响。我们那个时候，大学生很少，研究生更少，在北京找工作很容易，毕业后基本都去国家机关或者其他大型机构。但是我们明显看到那个时候中国改革开放有两个截然不同的地带，一个是非常开放的前沿地带——在南方，另一个是非常传统的计划内体制。我们知道，在体制内、在机关里面做事得按部就班。那个时候年轻人普遍的观点是，对物质条件要求不高，对接触新的事物有热情、愿意走到改革开放第一线去经历波澜壮阔的事业。所以说从这个角度来想，觉得尽管条件艰苦，但是海南那边对我来说还是更有吸引力一些。

冯仑见了我以后，发了一个接收函过来，也可能是群发到各个学校的。那个时候毕业选择第一个热点是到国外留学，第二个热点是稳当地留在大城市，所以真正有兴趣去海南的人不是很多。当时冯仑就提了一个条件，来回的车票给你报销，于是我就去了。去了以后发现海口比想象的要艰苦得多，我记得当时住在一个所谓的招待所里面，房间里还有个从复旦大学来的，叫丁建平，他现在是杭州工商信托的总裁。我们俩就在一个宿舍。他是复旦大学国政系的研究生，后来一聊才知道，大家都是因为同样的理想来了海南。

半年把印刷厂做到盈利

我是 1989 年春节前去海南的，到了 9 月份体制改革研究所就解散了，大概半年多时间。尽管很短暂，在所里还是认识了很多朋友，比如潘石屹。当时在所里我们做研究，到了周末年轻人没地方去，一查资料发现我们还有几个挂靠单位，其中有一个就是潘石屹所在的那个单位。我们后来就到这个单位“视察工作”，就这样认识了。那个时候大家都从五湖四海来海南，见面很亲切，人和人的距离一下就拉近了。我觉得海口这个地方很不一样，能让外地人这么短的时间里很快就融入进来。

解散之后，所里很多人选择回北京，我选择留在海南。这期间我先找了一些民营企业去打工，后来听朋友说印刷品需求量很大，我就跟一个朋友借了 5 万块钱，开始办印刷厂。那个时候新认识的朋友之间很容易建立信任感。当时万元户都不多见，我找人借 5 万块钱，那可是个大数目。这个人很大方，他说没问题，就借给你吧，你去好好做。做印刷厂的过程跟今天年轻人创业一样，这个过程太宝贵了。开了厂才知道多么的艰难：一开张，发现空空荡荡没人找你下单，完全没生意，可是这边厂里 20 多个人等着你发工资。当时急得大汗淋漓。

没办法，得到外面去拉业务啊。我又陆续招了几个人，然后和他们一起骑着自行车挨家挨户去跑业务。从老朋友跑起，先跑到潘石屹那儿去，他一听就说好啊，马上有业务给你做。然后又跑到省委去，见了老朋友，也说给你做……就这样，骑着自行车一点点去跑业务，从印信封、信纸，印一些文件开始做起，印完之后我自己骑着三轮车又一家家给他们送过去。当时送货到省委，有个年龄比较大的之前的老同事，看到我自己来送东西，拉着我马上就要哭了。说小易你真不容易、怎么活得这么苦？你赶紧回来吧，或者找个正经工作。可是我自己却觉得很好啊，我能够养活这些员工，还有些盈余，再苦再累，心里是高兴的。后来回想，其实办厂这段有担当的经历给了我很大的锻炼，感觉很快就成熟起来。你想想，20 多岁，要养 20 多个人。可以说，从来没有一个月停发过工资，而且做半年就开始挣钱了。我记得到了那年年底的时候，我买了一台大南宝电视运到我湖南老家，家里人都很高兴。那段经历让我觉得这不仅仅是一个挣钱的过程，而是一个练手的过程。那个时候经商环境看上去不怎么好，市场经济刚刚开始起步，但其实正是因为如此，市场还是比较容易打开。经过这些实操锻炼，我在业务、管理等方面很快就成熟了。

一年多以后我就把当时借的钱还了，还给债主更多的回报。当时海口那个社会，非常开放包容，各种各样的需求都有，只要你舍得付出。

8 千块拿到“万通”的执照

印刷厂做得得心应手，如鱼得水。不到一年后，朋友们陆陆续续从北京又回海南了，其中包括冯仑。王启富是一直没走的，在海口开了一个纸店，因为我有这个印刷厂，他经常过来我这儿吃个饭。后来还是冯仑有号召力，他跟大家说，我们到海南来不是为了小富即安，不是为了个人发家致富的，我们要实业报国，又把大家聚在一起。他跟我说，你去注册个公司吧，这印刷厂交给你弟弟，我们几个一起来干民营企业。于是每个人都凑点钱，准备办公司。然后有一天他打电话给我，说小易，你去工商局把执照领回来吧。我说行啊，我很高兴地跑到工商局去领执照，没想到人家说，你得拿 8 千块钱来取这个执照。我就问一个执照怎么那么贵，后来才知道公司注册资金这 1 000 万元是跟人借的，对方把钱打进来用了一天，要 8 千块钱。我只好回去取了 8 千块钱，把这个执照领回来。领了这个执照，再打电话给其他几个人，冯仑、王功权、刘军，他们几个陆陆续续就回来了。从租房子开始，租到以后再做装修。因为我做过工厂，有这个筹备经验，所以很快就把这些准备工作做好了。

其实当时做这个公司的时候，并不知道将来一定能做什么业务，只知道我们又聚到一起。其实创业就是这样，刚开始是看不到结果的，就是走一步看一步。后来就有人找我们了。其中有个我记得是冯仑的朋友，说是可以借 500 万元给我们，利息是多少呢？25%。还要分一半利润。我记得我们当时想了半天，最后终于下了决心，反正什么也没有，就干吧！借了这 500 万元，再跟三亚信托按揭了 1 000 万元，干了一个 1 500 万元的事，炒了我们的第一个项目——九都别墅，赚到了第一桶金。

我们几个人当时分工比较模糊。记得最早分工让我管财务，到月底一算账，我又亏了几千块钱。我这账算不明白，管得不细。我说得把潘石屹找来，他算账比我精明。潘石屹当时在另外一个公司当总裁助理，那个公司总裁有个大奔驰，我去找他的时候，他先让我坐那大奔转一圈，意思是说我这公司很好，将来有前途。我说再有前途，你也是给别人递包，我们自己创业可就不一样了。潘石屹是个聪明人，最后还真就过来做了我们的总会计师。

那时候没有什么战略，冯仑管大事，我喜欢做业务，给王功权当总裁助理。王功权每天出去，让我拿个笔在旁边记着。王启富当时当副总裁管行政，管办公室。潘石屹来了就管财务。其实没有分工，后来大家都在做业务。再后来派我到广西，开了广西万通实业发展总公司。

可以说当时我们共同的目标其实也比较模糊，只是说我们既然不能在体制内去贡献了，那我们就自己把实业做好。

不是因为钱聚在一起，也不会因为钱而分开

我们这个团队当时聚到一起，并没有想个人发财致富，而是与激情和梦想有关系的。我们从来不通过不正当的手段来跟别人借钱。那个时候有些人借钱，很多是通过给回扣。我们不是，我们直接就跟人谈，完全不懂得去送回扣。在海口，后来有人说，你没给领导送钱怎么能借到钱？我说我从来没有，我们就跟他谈，签合同，全都是公开的。正因为这样，一开始就奠定了我们干干净净经商这样一个企业文化。我们这 6 个人在这方面是高度统一的。包括后来我去了广西，也是一样，是带着这个理想去的。我不陪人喝酒、不陪人唱歌，有人说你这生意怎么做？但这恰恰就是我们跟别人不一样的地方。

1996 年我们几个人分手，我觉得主要是外部原因，是因为当时政府调控房地产。现实情况是除了在广西我做药厂之外，公司主要经济来源都是房地产，在北京买了很多地，按今天话说是重资产，这样资金有点周转不开。

另外，当时我们太顺利了，1993 年万通卖了新世界广场以后，挣钱也比较多，但管理其实没有跟上。到 1995 年以后，碰到了很大压力。碰到压力之后，我们就开始讨论公司以后发展的方向。其中潘石屹和我比较谨慎，说咱们就做房地产，把已经做的项目做好就够了。可是冯仑的想法不一样，他一直想买上市公司。后来在我们大家都不同意的情况下，他也去买了，因此产生了一些矛盾。当然其实大家也不怨，买了就买了，但从那时开始就有了一些不同想法了。后来冯仑又说，要通过扩张做得更大，解决目前的困难。他又要成立航空公司、成立汽车公司……这样一来，矛盾就出现了。

当然也有一些内在的原因。虽然我们的理想是一致的，但并不等于发展方向完全一致。比如我们讲为了对员工负责，公司要做稳健，这是一个方向；而有些却想把公司品牌做大、做出信用，这又是另一个方向。两个方向还是有差别的。最后冯仑说，咱们算算账分家吧。记得分手的时候带着很多人的一个团队，有财务、有律师，他们开始算账分账。他们工作，我就跟其中一个人下围棋，下完围棋，签字走人，平静分开，没有什么架可吵的。因为最初不是因为钱聚在一起，最后也就不会因为钱而吵起来。

分手的时候，广西那一摊是我开拓出来的，我的太太也在广西，大家就把广西划给了我，基本上就是把自己的业务和原来那些公司业务独立分开了。分开后我把其他的业务都停了，集中力量做房地产。 1997 年我开始有了新项目，不断地做，就开始走出了谷底。

要说离开以后的感受，起初还是有一点孤独感的。因为之前我们在一起的时候，冯仑是个有热情的人，王功权也像个老大哥一样，有事就经常聚在一起开会。就像冯仑之前有个说法，说是我们开会不是业务需要，是生理需要。离开万通以后，一切东西要独立做主、自己决断。而房地产是个重资产行业，我记得有个一年左右，当时有很大的资金压力，所以在某种程度上是在挺着，很有孤独感。

没有任何一个 2 年能跟海南的 2 年比

概括他们 5 位的性格，我觉得冯仑是一个有智慧的战略家；王功权是一个有情有义的大哥；潘石屹是一个非常优秀的企业家；王启富是一个好兄弟；刘军是一个感情丰富的文人。

当年在海南的时间尽管不长，却是我人生最重要的 2 年，最浓缩的 2 年。如果不是海南，像我这样谨慎、内向的性格，绝不可能成为企业家。今天我的公司阳光壹佰有 1 万名员工，分布在几十个城市。说我能养 1 万人，放在当时想都不敢想。尽管我是农村孩子，我能吃苦耐劳、有毅力，但我也绝没有机会走到今天。所以在海南那 2 年，可以说是浓缩了我人生非常宝贵的经历，没有任何一个 2 年能跟它比。

第一，那 2 年见的人是最多的，见的“贵人”也是最多的。首先包括我们 6 个人，互相都是“贵人”。然后也包括借我 5 万块钱的朋友，还有很多其他的朋友，都是“贵人”。我想那个时候、在其他任何一个地方都不可能这么快交上这样的朋友。第二，当年海南提供了一个很好的平台。如果没有海南特区的大背景，人家不会借那么多钱给我。其实，我现在怀念的不仅仅是那个城市，更多的是怀念那个时代。只是那时候没有想这么多，还是那句话——“此情可待成追忆，只是当时已惘然”。

海口老街

李少君

芭蕉只是提供了一种线索
骑楼和海南话都在暗示
茉莉花香将我引到了一条幽暗的胡同里

我低着头只顾埋头冒雨前行
抬头却是一幢陌生的南洋式家族大院
我肯定没来过这里，我迷路了
却偶遇一位有过一面之缘的本地女孩
我脱口而出：你女伴呢？

三天前，我随刚结识的当地朋友去一个茶餐厅
座中皆中学同学，两个女孩正当对面
一个性情活泼，一直参与海阔天空的聊天
一个清爽干净，却始终安安静静一言不发
只是，离开的时候当地朋友告诉我
刚才我起身出去谈事的时候
那个一直安静的女孩笑我
说这个大陆仔怎么这么有意思啊

到底怎么个有意思？
很久以后我才知道
她是笑我说的那些不知天高地厚的大话

光阴迭变

守望者

摄影：郑福利

第一次见到骑楼老街，一下子就愣在那里了

蔡葩 / 作家、海南省文联副主席、海南省民间文艺家协会主席

海口珍物

一杯咖啡

如果挑一件珍贵之物讲述海南历史的话，我挑咖啡。

海口的咖啡，跟外地不一样，我们叫“咖啡乌”或“咖啡二”。在老爸茶店，当你喝完第一杯咖啡之后，主人会再给你免费添第二杯。海口有名的歌碧欧，不加奶不加糖的时候是黑色的，有时候会加炼乳。歌碧欧这个词是海南话“咖啡乌”音译过来的，就是黑咖啡的意思。它不是品牌名字，而是那些店主叫出来的，是冲咖啡的阿公阿婆叫出来的。歌碧欧就是海口的一种咖啡文化。

无论走到哪儿我都忘不了一杯咖啡。有时候出差在外，与朋友聚会，我会说请给我来一杯咖啡。朋友说这么晚了，你还要喝咖啡吗？
我说你们别忘了，我可是海南人哦！

扫描二维码，
观看《岛屿人生 · 十问蔡葩》

蔡葩自述

我们这届大学生比较特殊。1984 年上大学的时候，我们还是广东省人，海南当时还叫海南行政区；到1988年大学毕业，海南建省，我们就变成海南省人了。我们见证了海南百年建省梦的实现，我们生逢其时。

怀着新闻理想回海南

我是华南师范大学外语系毕业的，毕业后本来可以留在广州。因为海南建省了，我的理想是当一名记者，我要做一个为民请命、为民奔走呼号的人，怀着这个理想我就回来了。当我 1988 年 5 月份回来的时候，海南刚宣布建省，“十万人才过海峡”，看到满街都是大学生在卖报纸，卖的是《海南开发报》；2 个月之后，我放弃了国家统一分配，成为《海南开发报》一名新记者，从此开始了我在海南岛跌宕起伏 30 年的人生。

我毕业的时候，海口最热闹的地方还是三角池，《海南开发报》就在三角池附近的农垦三所 6 楼。记得当时在三角池那儿有个闯海墙，上面贴满了

求职信和各种留言。三角池往北连接到海口的老街，往西连接了大英山公园，就是现在的海口公园，后来整个跟海口老街的帷幔就接上了。三角池在建省初期是最有特色的地方，另外还有海府路、海秀路等几条主干道，印象最深的就是路边摇曳的椰子树，椰子树下有闯海人弹着吉他、摆着小摊，也有人三五成群地在聊天和聚会。

那年我 23 岁，是当时《海南开发报》为数不多的应届大学生毕业生。这是一张应海南建省而生的报纸，民办性质，当年全国唯一，被《中国青年报》称为“中国新闻界跑出来的一匹黑马”，聚集了来自全国各地各怀绝技和有理想抱负的人，也有一些下海的“弄潮儿”。出入报社的人有好多后来功成名就，比如冯仑曾在《海南开发报》写专栏文章；潘石屹和我们的编辑大哥曾在椰子树下粗茶淡饭；于光远、温元凯也是《海南开发报》的特约作者；因在《中国青年》杂志发表“人生的路啊，为什么越走越窄？”而引发全国性关于人生价值大讨论、之后风靡全国的知名人物“潘晓”也曾到报社求职未遂，悄然离开；等等。还有不少当时风云中国的知识分子、作家都曾云集报社，我以一双好奇的眼睛见识过一些人，经历过一些事情，将人生最美好的年华与《海南开发报》共浮沉。我们的光荣与梦想、希望与失落，仿佛一支青春咏叹调，至今仍心灵激荡，历历在目。

《海南开发报》是当时建省办大特区的风向标。它起，海南岛就起；它落，也预示着海南进入了她的低迷期。这匹跑出来的黑马，是跑得快还是跑得慢，在继续前进还是摔倒了，都可以说就是当时新海南省的缩影。

1995 年，我不得不离开《海南开发报》。一匹曾经奔跑在改革开放最前头的黑马，因种种原因停蹄了。一个心怀理想而又不想放弃梦想的人开始沉下心来，希望好好地看看我的海南岛，看看外面的世界。自由而疯狂地阅读，毫无目的地行走，经历了各种人间冷暖……之后的几年，我成了一名自由撰稿人，给全国各种报刊投稿。在那期间去过几家媒体，比如《中国日报》，也当过《环球市场》杂志和《服饰文化》杂志编辑部主任。后来有一个机缘，我到《天涯》杂志工作了一段时间，2000年又到《海南日报》报业集团。2001年秋天，《海南日报》专版部正在扩版，时为主任的诗人鹿玲姐力荐我进入《海南日报》专版部，于是我就有了这个机会，成为《海南日报》文化版的记者和编辑，开启了我全新的新闻生涯。借此进入海南的深宅老院，访问一个个历史老人，成为南洋文化和海南人文历史的挖掘者和传播者。目前我仍在海南日报专刊副刊部负责《海南周刊》的编辑工作。至此，我在海南文化新闻界"混迹"30年，痴心不改。

18岁那年第一次仰望骑楼

记得1984年父亲送我去上大学，从三亚经海口去广州，我们中途要在海口停留。那是我第一次到海口。

第一眼看到骑楼老街时，我像到了一个童话世界。那简直是小说里的巴黎小镇!

后来我才知道骑楼老街确实有很多法式建筑，白刷刷的外墙，各种精美的雕花，梦幻般的女儿墙直插天际线，天上飘着白云，时不时飞来几只鸽子。我一下子就愣在那里了，莫名其妙地流泪。后来上大学的几年里，我们每次去广州，都要在这里买船票，如果遇上台风天船票不好买，会在这里多呆上两天。所以会有机会到老街去吃一点小吃，文昌鸡啊，鸡屎藤啊。那时候积攒起来很多美好的记忆，挥之不去。于是在大学毕业前，我就想着毕业后一定要到海口工作。海口骑楼的建筑风格，那蕴含其中的美感，给我心灵的震撼是难以想象的，我与骑楼从那一刻开始就有了前定之缘。

1988年回海口以后，我经常出没在骑楼老街。老街里形形色色的人，幽默风趣的海口话，还有当地人活色生香的生活场景，那些隐藏在斑驳墙面里若隐若现的老字号……走在老街里感觉时间一下子就过去了，在其中流连，仿佛走进了另一段时光，另一个时代。

其实骑楼建筑，在沿海其他城市也能看到，比如厦门、梧州、广州、汕头，因为沿海地区的骑楼建筑都是舶来品嘛。1858 年《中英天津条约》签订以后，中国沿海地区有 10 个港口被迫对外开放，海口是其中之一。随着对外开放，从南洋各地传来了骑楼建筑艺术，就开始在沿海地区风行。民国时期，骑楼建设达到顶峰，所以后来海口、广州、厦门、梧州等地都留下了骑楼建筑群。

追溯骑楼的源头，骑楼的建筑风格应该是从地中海地区发源的，大约与古希腊发达的商业以及炎热多雨的气候有关。到了古罗马时期，骑楼得到了更广泛的应用和发展，逐渐落户在欧洲各地，特别是南欧及地中海一带，并逐渐传至东南亚。从海外归来的华侨，他们把骑楼的建筑样式学回来了，同时又融合了一些中国文化元素。比如，我们的骑楼建筑里面，有神龛，有大堂，有八仙桌，那就是祭拜祖先的地方。外墙有雕花，外立面有女儿墙，有梅兰竹菊，这样的中西合璧的建筑，是一个时代的印记。

1924 年，海口拆掉了旧城墙建设新城， 拆下来的城墙的碎片，那些砖和瓦用来铺路，就是我们现在看到的中山路、博爱路、得胜沙路这一大片。1924 年到 1939 年，是海口骑楼建设的高峰期。1939 年 2 月，日本入侵海口之后，骑楼老街便停止了建设。这就是我们今天看到的全貌。

时光进入到 2007 年，由著名作家韩少功、孔见，艺术家刘运良、詹长智教授和我一起倡导成立的海南省文化遗产研究会，开始系统挖掘海南文化遗产。研究会同仁组织了相关文化学者、艺术家、摄影师等进入海口骑楼老街，进行一系列的文化遗存以及华侨家族、老字号的挖掘和整理，积极参与海口骑楼老街申报“首届中国历史文化名街”的工作。2009 年，在海口市政府、海旅集团以及各方专家学者的共同努力下，海口骑楼老街与北京国子监、西藏八廓街、平遥古城等一起荣获“首届中国历史文化名街”。海南省文化遗产研究会完成的 100 多万字的人文调研图文集，加上我的关于海口骑楼的两部书，为海口骑楼老街荣获十大“首届中国历史文化名街”提供了厚重的人文读本，海口骑楼老街跃身成为南中国历史街区最为璀璨的明珠！骑楼老街在我心中，绝不仅仅只是建筑。骑楼，它是有着文化积淀、有人生活在其中的骑楼，它是一种生活方式一种文化传统的延续，是珍藏我们民族文化基因的重要载体。

今日，如何让更多的年轻人喜欢骑楼，达成一种文化共识呢？那首先要回答的是：你给他们提供了什么？你以什么吸引他们进去？如果不想让一个地方空壳化，比如骑楼，那你以什么方式来让人们回来？让现代人回归到这个富有历史感的地方？可喜的是，我看到骑楼老街现在有了一些像“还客1921”和“见外”这样的民宿，更有国新书苑这样特设展览空间的书店，几乎每周都给市民带来一次高水准的艺术展览；中山路 35 号的南洋文化展示馆长年展出的《千年光阴流淌》，为市民、游客了解海口人文历史打开一扇窗口；《天涯》读者俱乐部和《新海岸》艺术空间不定期举办的文化艺术沙龙，成为海口文化的一道风景；“老船长”“自在咖啡”“力神咖啡”“椰语堂”等店家也带有明显的地方文化元素；海南椰雕大师吴名驹进驻老街展示中国非遗椰雕技艺，吸引越来越多的人观摩，感受海南特色文化……我希望未来有越来越多的文化团体、艺术空间、民宿、文创、地方美食等加入进来。特别引进那些符合当代人审美情趣的、符合当代人生活需求的文创企业来增加骑楼吸引力，给创业者架设新的创造平台和空间，老街才能真正活起来。

回想 18 岁那年，当我第一次仰望骑楼时，我就对爸爸说：“爸爸，你怎么带我到了一个童话世界？”我爸爸是一名作家。一直特别感恩爸爸带我来到这里。记得第二天我还不想离开海口去上大学，想多停留一天，但是船要开了，我可不能那么任性啊。那时的海口和骑楼，给我的感觉真的像是梦幻一般，那种感觉永远留在我心里。

“我把那一代人的记忆都给掀开了”

2002 年，我供职的《海南日报》有个专栏叫《似水流年》，专栏设想是打捞海南的人文记忆，挖掘海口老故事，以充满历史感怀的文字，图文并茂地呈现家族往事和历史遗存。在开始的两年多时间里，这个栏目仿佛是为我量身定做的。以后的日子，更多年轻的记者和特约作者也一起来，共同丰富了这个栏目的写作。

在做采访的过程中，我发现单篇文章不足以表达我的感受，所以该栏目其实是连载的方式，将人物故事引向纵深。比如海口名媛吴玉琴，我用了 4 篇文章和私藏多年的老照片来展现她家族的故事和她个人的命运。《格格遗事》有 10 篇，每一篇都是 3 000 多字，每周六发表一篇。随着报道的不断深入，挖掘的人群越来越多，那些曾经受过不公正对待的老一辈人，他们的遭遇终于得到媒体公开的报道，得到人们更多的关心。渐渐地老人们放下了思想包袱，愿意接受我采访的人越来越多，栏目的影响也越来越大。因为这个栏目，我把那一代人的记忆都给掀开了。那时候，很多读者都等着周六的《海南日报》阅读我们的老故事，不断有读者给我和编辑写信、打电话，我第一次感受到自己的写作与这个地方的血肉联系，与一代人的生活与命运有了关联。我很感谢那些接受我采访的老人和热心的读者，他们的激励和期盼让我的写作充满了意义。

我写的故事是从海口骑楼老街开始，以它为支点，然后铺展到海南各地、东南亚、美国、欧洲。因为很多老人都是从海口骑楼下南洋、走东洋，甚至走向更遥远的欧美，所以我跟着他们的脚步，从海口出发，到南洋，到世界各地，通过不同的方式寻找他们的足迹。他们的人生是很丰富的，他们的身上其实隐藏着一部部鲜活的历史。但是由于种种原因，这一辈人的历史贡献和人生境遇被遮蔽掉了，几乎很难在文字资料上见到他们的身影，也没有多少人了解他们的命运。

由于口述历史的性质，我的采访对象是一些带有丰富记忆的老人。他们都经历过民国，因此可以说，民国海南是一部厚重而丰富的历史书。如果能把当时的历史图景还原，或者讲述出来，就算是只讲出一部分，都是对整个中国现代史的有力补充。海南的近现代史，可以更加完善中国的历史文化版图，因为海南这个地方，曾经是中国的文明革新、近现代革命较早兴发的地区之一。在那个风起云涌的年代，海南曾经贡献出一批民主革命先驱、将军、南侨机工、文化大师、教育名家、商业巨子等等，在历史上他们都曾扮演过重要的角色，都拥有丰富多彩的人生阅历。他们的身上，承载着海南乃至中国的百年历史。

2014 年 9 月，我作为海南省委宣传部“千人计划”的一员，被派到海南师范大学新闻学院去任课一年。我授课的内容是《新闻传播与口述历史》，我自己编写的教材，开辟了一门新课，得到了学院与学生们的欢迎。有学生想跟着我去做口述历史，我对他们说：“其实口述历史就在你们身边，你可以从你的家族开始做，也可以从你的街道、从你的村庄、从你所生活的那个地方做起。我希望你们毕业之后可以交给我这样一份作业。”2015 年 4 月，受北京大学东南亚学研究中心的邀请，我到北大做了一场《南洋文化与口述历史的挖掘与写作》的演讲。我以自己做口述历史的亲历与同学们分享：口述历史源于新闻采访，但又跟新闻报道不一样。它不停留在对热点事件或人物的及时报道上，对一个人物或家族的记录可以持续很多年，而它带来的结果会出乎意料。它会大大地丰富你的人生，让你找到与现实对话的方式，与历史连接的通道。在做口述历史这条路上，一旦迈进去，你就觉得在这么浩瀚的历史面前，自己真的是个无知者、探索者。你有永远做不完的活儿，读不完的书，你无法停下你的脚步。你不能以发表为目的，你是为时代存照，为将来存档，不能抱有任何功利心。做着做着，你心中便会升起使命感和责任感……我的演讲得到北大学子和同行的热烈反响，我因此更坚定了口述历史的工作方向，也希望有越来越多的年轻人加入到队伍中来。

“有些故事如果你错过了，就真的是错过了”

从做口述历史到出书，是让我意想不到的事情。

2004 年，山东画报出版社有一位资深编辑张杰老师从济南飞到海口来，他说我写的系列文章他挺关注，希望能在山东画报出版社出我的一个集子。我深感意外，就把之前这些书稿整理好，于是在 2005 年出版了我的第一本书，叫《有多少优雅可以重现》。2005 年的 6 月份出版，7 月份，这本书曾上过当当网当月排名第一，也因此引来中央电视台《半边天》制片人张越老师的关注。她后来说当时奇怪，一个地方记者的书怎么会有这样高的排行？10 月，《半边天》编导张洁来到海南，发现我采访的大多是一群女性，她们的故事几乎都有一个南洋背景。这与张越老师的《半边天》很契合。正巧《半边天》在推出一个专题《2005 女性记录》，需要在全国寻找 50 位女性，于是我就成了这 50 位女性中的一个。年底，央视一套节目以《抢救历史的女记者蔡葩》和《格格美女新娘》为题分上下两集播出，引起了海内外观众尤其是老一辈华侨华人的关注。海南女性第一次以如此阵容出现在全国观众面前，我所做的工作被赋予了特别的意义。我这才明白，我做的这件事情已经超出了本土的意义，它已经辐射到很多地方，影响到很多的人，我不能停下我手中的工作。

2009 年，我的第二本书《风从南洋来》出版后，央视《探索与发现》

栏目在 2010 年专门为我做了一集节目，题目就叫作《风从南洋来》。此后，我和同行们还进行了系列的口述历史采访，积累了一些素材，中新社、新华网曾多次将书里涉及的人物故事用自己的镜头和视角去叙述；央视国际频道在 2017 年也专门做了聚焦海口骑楼老街的节目，我成为老街历史的叙述者。今年夏天，我的“南洋风系列”即将与读者见面，完成我这一个阶段关于南洋文化的叙述。

有读者常问，在你对南洋文化的寻访过程，遇到最大的困难是什么？我想，最大的困难还是来自自己的内心：你愿不愿意坚持？愿不愿意去打开另一个人或另一群人的心扉？最开始的时候，我的工作似乎总是在单枪匹马的状态。现在，随着这项工作的不断深入，我除了得到《海南日报》的认可和支持，还有中国侨联、海南省侨联、省文联、省政协等部门领导和专家的支持。他们都会伸出援手，给我们提供线索，帮助我们完成采访工作。

做历史，特别是口述历史，“抢救比研究更重要”。冯骥才先生这句话对我影响挺大的，每当我想放弃的时候，这句话就在我心里回响。前人给我们留下浩如烟海的文献资料，那么，我们给后代留下什么呢？我觉得，一代人有一代人的任务和使命。有些故事如果你错过了，就真的是错过了，生命总会凋零，人不可能长生。我错过很多这样的人，有的还是自己身边的人，自己的亲人，所以有无尽的遗憾，无尽的无奈，更有无尽的悲伤。口述历史在某种意义上是与时间在赛跑，与生命在抗衡，与遗忘做斗争。口述历史是对正史的一种匡正，一种补充，有时更是一种填补空白，是一种道义的担当！其意义不言自明。

我的新闻从业史竟然有 30 年了！如果说我是一个新闻记者，是散文作者，但对于十多年前就开始口述历史抢救工作的我来说，今天的我更愿意定义自己为“口述历史工作者”。这个定位比较适合我，我愿意为口述历史和文化遗产保护付出自己的时间和精力。

海口——不老的故乡

海口对我来说，是故乡。所以在这个地方发生的一切，跟别的地方给我的感觉是不一样的。我去别处，似乎也是为了寻觅我的故乡。比如我去厦门，总喜欢寻找与海口相似的骑楼老街。当我看到跟海口相似的鱼市，闻着那熟悉的海腥味，我会莫名地流泪。故乡给你的那种深切感，故土给你的温暖和回馈，给你的乡愁，是别的东西替代不了的。

海南建省 30 年，作为省会的海口 30 岁了。海口其实是一个风情万种的城市。我知道它每一扇窗和一扇门后面，都藏有不一样的故事。这些故事的人生指向，是我们不能隔断的文脉，不能中断的历史，不能模糊的未来。

我想对她说一句话：“海口也像人一样，她会老去，但是老了以后她也可以是一个天使。天使不老。”

摄影：哈图

海南骑行最棒的季节是——一年四季

陈启程 / 海南 517 环岛骑行驿站创始人

海口珍物

第一辆自行车

对我而言，最珍贵的一件东西是从广东辞职回海南后买的第一辆自行车。

那时候骑着它把海口各个大街小巷转遍，全岛的各个线路也都骑了一遍，环过几次岛，感觉自己通过自行车、通过这段车上行走的时光，不但第一次全面体验到了海南——这个我自己故乡的不同地方的美丽风景，更是对自行车本身以及这项运动了解了很多。后来刚开始开自行车店的时候，为了提高维修技能，我把这辆车全拆了，然后四处学艺，摸索着又把它组装回去。刚装完时特别满足和开心，相当有成就感啊。后来，我还骑着这辆车去走了一趟川藏线，结束后又把它打包寄了回来。这辆车陪着我走南闯北，和我一起看遍了一路的美景、经历了很多的故事，所以说对我有着非凡意义。

扫描二维码，
观看《岛屿人生 · 十问陈启程》

陈启程自述

我出生于 1984 年，海南万宁人。1997 年上初中时来到海口，中学毕业后去外地上学，工作了几年，2010 年重新回到海口。我和我太太小侯一起创业经营海口 517 骑行驿站。骑友们都叫我虫子，管小侯叫虫嫂。我俩性格反差很大，她热情、我内敛，我主内、她主外。

“开这家店是因为我自己非常喜欢骑车”

我的专业是光电子信息。毕业后、回海口之前在体制内的广东移动公司工作。上了一段时间班后，不想在“体制内”呆着，就从原单位辞职了。辞职以后有几个月的时间，我都很迷惘，处于那种“我是谁？我能做什么？我能做成什么”的思考中，对未来完全没有方向，更谈不上规划，然后说那就回家吧。

虽然是海南人，但我对家乡知之甚少。人搞不清楚自己的时候，不都是会追根溯源吗？于是我就想先在海南岛走一圈。怎么走呢？我辞职回海南后买的第一个大件就是一辆自行车，所以决定骑自行车，骑到哪算哪，反正这里是个岛，怎么样我都会回来的。没想到这一骑，竟然找到了自己人生的坐标。

就是这一段骑行旅程，让我发现了海南这个地方虽然特别适合骑行，但针对骑友的服务当时是一片空白：第一，网上关于骑行的攻略很匮乏，连基本的线路介绍都没有，更别说提供针对骑友的沿途帮助了；第二，骑行与自

驾、跟团出行是完全不一样的旅行，我发现沿途在专业租车、技术维修、住宿、交流等与骑行相关的周边服务方面都很不方便。所以我就萌生了往这个方向去创业的想法，既满足自己的兴趣爱好，又可以推广海南的骑行和户外运动方面的文化和理念。

于是回来后我就在国兴大道美祥路那边开了一家自行车店，这家店也是我们 517 骑行驿站的雏形。自行车店最开始做的是环岛骑行服务，主要面向本地人，规模较小，然后遇见了小侯，也就是我现在的妻子侯姝媛。当时小侯刚考完研究生，想来海南这边环岛骑行放松一下，因为事先网上有接触，所以一到海口就直接跑来找我咨询租车的事情。我俩算是一见钟情。因为我会经常在网上发布一些关于海南骑行的信息，她主动联系到我，我们就在 QQ 上聊。她对海南环岛骑行特别好奇，什么问题都问我，我就耐心地去跟她做了一些讲解。尽管当时还没见面，印象却很深刻。特别是那段时间我奶奶去世，我整个人情绪非常低落。小侯当时就给我很多安慰，比如跟我讲了她和她的家人，和她奶奶的一些故事，陪我讲、听我说。 通过那段时间的相互倾诉和聆听，我们彼此之间都有了很深的了解，两颗心越来越近，感情逐渐升温。

后来小侯来了海南，来我店里挑选自行车准备环岛。记得当时店里没有适合她的头盔，我就马上跑着去仓库拿我的头盔给她戴。她戴上头盔我一看，哇，这个小姑娘好漂亮！心脏一下子就有被闪电击中的感觉。最后她准备出发的时候，我开了个玩笑：“要不你环岛回来就在店里帮我做义工？”没想到她很快就回复我：“可以啊，没问题。”

其实，小侯出发去环岛的时候，我就已经有些恋恋不舍了。她总共 4 天的行程，这 4 天我可以说是心灵和精神都随着她一起出行。每天她行程结束，我就去找她聊天，聊一些路上开心的、不开心的事情；每天她出发，我会把当天的午餐晚饭吃什么都给她列好清单；甚至有路上遇到自行车扎胎，她不会修的时候，我就远程教她如何卸轮子、把内外胎扒出来去维修，真可谓用心良苦！那次也是小侯的第一次海南行，在这段旅程里，我很开心她对于海南自然风景的迷恋：大海、空气、蓝天白云、椰风海韵……她都由衷地喜欢并赞美我深爱的这一切，所以我们的事业可以说是伴随着情感的萌动和发芽而逐渐成长起来的。再后来的故事大家都知道了，我们一起创业了，她也成了我太太。

我们在经营自行车店的过程中不断有新想法冒出来。从单车出租到骑友住宿，逐步拓展新业务，规模也开始变大。同时我想也许有先发优势吧，在大家还没有完全搞清楚海南骑行业态的时候，我们就已在岛内开创了第一个“自行车租赁 + 沿途保障 + 住宿 + 异地还车”的一条龙服务的业务模式，主打环岛骑行。业务扩大后，我们搬迁到了现在这个在新埠岛的总店地址，并开始启动“517 骑行驿站”。取名 517，是因为和“我要骑”谐音；而定位为“驿站”，是希望这里能够成为为骑行爱好者提供装备和补给的一个休整地，一个信息平台，一个骑友的家。

记得当时这里还是郊区，没什么人，杂草丛生，一开始心里真的没底，只能慢慢来。新店前期很辛苦，装修自己来，店面慢慢打造，缺资金只能东拼西凑，骑友偶尔也会来帮忙，事业就是这样一点点起步的。慕名而来的骑友来自全国各地，甚至海外，越来越多，我们从最开始的十多辆自行车发展到今天的一千多辆自行车。

517 骑行驿站也从海口辐射到全岛，目前包括各市县的分店一共有 12 家，在全岛重要的骑行节点都有覆盖：海口、三亚、文昌、博鳌、神州、兴隆、五指山、琼中、屯昌、东方、莺歌海、儋州，从吃住行到旅游攻略、信息交流，所做的一切都是为了打造一个为骑友提供全面信息交流的平台和集散地，让他们来海南后能免除后顾之忧，放心骑行。此外，我们也希望借此推进海南的深度游，把骑行的门槛降低，把专业骑行和观光旅游结合起来，把海南环岛行变成海南深度旅游的常规文化项目。

之前大家对于海南旅游的印象基本上就是跟着旅行团从一个景点到另一个景点，现在不一样了，全省都在努力打造全域旅游。包括政府出台的美丽乡村等方针和政策，我觉得这对于骑行来说是非常适合的，毕竟现在通过骑行就可以到达一些很有意思的地方。比如走东线从海口出发，过演丰红树林这一段，可以通过骑行感受红树林里的风光，接着从演丰坐渡轮到文昌铺前，然后从铺前再骑到文昌的骑楼老街。再比如，海南现阶段在万宁修建了一条滨海旅游公路，骑行者到了万宁可以沿着美丽的海岸线骑行到神州半岛。还有走中部，感受热带雨林风光、少数民族黎苗族村寨，走西线可以看到一些原始沙滩、原始村落等等。如果按这样线路和骑游方式来旅行，那么游客体验更难忘、更有趣。

所以，我们试着使骑行的门槛降低。现阶段海南环岛骑行需要 8–10 天的路程。并且每天要骑行 8–10 个小时，大概 100 公里左右，这对于很多不经常运动的普通游客来说，是无法接受的。所以我们尝试把自行车骑行，作为旅行过程中的一个节点项目，而不是纯粹的全程骑行。比如我们现阶段推出了“四加二”方式，也就是四轮加两轮。我们可以开车带骑友从 A 点到 B 点，在最适合骑行、风景最优美的地方，把单车卸下来带他们去体验。这种方式对于我们的骑友来说也是非常新鲜和容易接受的。通过骑行这种方式去感受海南的自然风情，更能够贴身感受到海南的美好——迎面而来的风、湿润带着植物气味的空气、炙热的阳光等等。另外还可以随时停下来感受当地的原生态文化，看看原始村落，和村子里的老人去沟通、交流，感受他们的生活方式，这无疑会大大增加游客体验感。这些都是坐在车里面，隔着车窗玻璃感受不到的。

“说海南是骑行者的天堂一点不为过”

就深度旅游来说，开车太快，走路太慢，骑车刚刚好。我们接待过的客人来自全国各地，从几岁到 80 多岁的老人家都有，甚至还有残疾骑手。几年下来，最大的感受就是：一个人只要内心足够强大，就能做很多不一样的事情。骑行本身最主要的感受是自由。它可以带你更深入地了解海南，带你去到海岛各个角落，随时随地停下来、去发现那些跟团游或自驾游根本看不到的细节和美好。比如从滨海大道那里过去，一路上植被茂密，三角梅开得那叫一个鲜艳，漂亮死了。还有火山口附近的古村落，可以慢慢在里面边骑边看火山石搭建出来的漂亮村庄，你可以看到老人家在大树边乘凉聊天，悠然闲适的生活，感受特别迷人的本地文化。另外，骑行的感受很像是飞翔，身体跟大自然实实在在地亲密接触，没有隔阂，你完全可以自己掌控自己的身体，通过双脚努力的蹬踩去到一个全新的地方，路上各种细节和体验只有自己才能充分感受到。

对长途骑友来说，全中国有 3 条骑行线路是最经典的，一是川藏线，二是环青海湖，三是环海南岛，前两条会受季节和门槛影响，而环海南岛则基本不会。可以说海南真是一个骑行的宝地，我感觉真的很有福气。对于大部分地区的骑行的人来说，每年要等到了骑行的季节才开始蠢蠢欲动，而我们海南就完全不用考虑季节的问题，海南骑行最棒的季节是——一年四季，几乎完全不受季节影响。夏天烈日当头，但在阴凉处却根本不会感觉到热，海风吹得人很舒服惬意。冬天，在国内其他地方完全不能进行户外活动的时候，海南则有着春天般的温暖。除了可以享受到骑行的乐趣，还能欣赏到一路的岛屿风光和滨海美景，同时还有独特的热带雨林和水果美食相随，真的是美妙无比。

骑友是一个特别有意思的群体，我们会建立很多qq群、微信群，还有论坛、网站。这样一帮对骑行、对户外旅游比较感兴趣的群体，跟传统的、正常的社交圈里你所结识的朋友不大一样。最明显的特征是我们往往彼此忽略本来的身份，在群里会取一些外号。骑友之间的交流接触会更纯粹一些，就像他们都叫我“虫子”、管小侯叫“虫嫂”，完全没有社会职位。我们大家可以不用知道他的真实姓名、从事什么工作、家庭背景如何、是否有钱有权等，只要大家有着共同的兴趣爱好，其他因素都不重要。而且我们这个群体，大家心态普遍年轻化，有个骑友今年 72 岁，刚用了 12 天把海南岛骑了一圈。有时一块出发的一个群，有五六十岁的大叔大妈，也有刚进大学 20 多岁的青年人，大家一路走来都会变成很好的朋友，成为忘年交。

所以说骑友这个圈子，在社会阶层和年龄上并没有很大的界线和门槛，大家会无所顾忌，性格也会比较热情、开朗，对美景、美食和新事物抱有很强烈的好奇心。

“能把这座城市最好的一面展现给外人，我既骄傲又满足。”

海口这座城市是很有气质的。第一是有人情味。因为天然条件好，生活在这里的人们没那么争强好胜。这里民风淳朴，生活节奏缓慢，每个人都带着笑容，悠然自得。第二是包容性强。这里是与大陆一水之隔的海口，各种文化上岛第一站就停留在这里，海纳百川，先进的自然就留下来，融合成自身的一部分。第三是文化轻快，让人放松愉悦，不会有太多的繁冗和累赘，在这里可以尽享生活的美好。

这几年这座城市的变化很大，海口市内交通和对外连接等城市建设方面都在不停改善，机场、高速公路、高铁等穿行岛内外的交通方式让人出行越来越方便。城市文明程度也在不断提升。加上互联网时代，物理距离已经无法阻隔信息的流通和新风尚的传播。对我们年轻人来说，这里发展空间很大，机会众多。我想要一直留下来，和海口一起，建设它、见证它，跟它一起发展。

我们是一家小公司，为自行车骑行爱好者提供全程骑行解决方案的服务公司。我们希望一直能做到的就是不忘初心，“初心”首先是对骑行的热爱，其次是对自己家乡海南的热爱。原先就是觉得海南对骑友这方面提供的服务是比较匮乏的，那我们就来补充把服务做得更好更完善，更希望通过骑行让更多人来海南、爱上海南，这就是我所说的“初心”。就希望每一个来海南骑行的骑友选择我们，都会觉得比较值得的，同时我们也希望给骑友们一种像回家一样的感觉。

提供最好的服务对我来说很重要，虽然我们是一家小小的骑行驿站，但我感觉我身上有一种责任感和使命感。因为对那些没上过岛的外地骑友来说，我们在网上提供的信息和服务给他们留下了对海南岛的第一印象，从某种意义上来说，我们的骑行驿站代表了海南的形象。所以我开心的是自己在做一件很有意义的事情，这跟规模有多大、利润有多少没有直接关系。如果我做了这件事以后能收获骑友们的认可，这对我来说比什么都棒。海南是我的故乡，能把它最好的一面展现给外人，我既骄傲又满足。

摄影：孙程伟

我是火山村的，
我做的事情叫“再造故乡”

陈统奎 ／ 全国返乡大学生论坛发起人、海南博学生态村发展理事会创会理事长

海口珍物

火山石

很自豪地介绍海口的一件宝贝——火山石。你看火山石的表面多有质感，它这个叫蜂窝，是岩浆在冷却的时候进入空气形成的。我们火山村的水井深 200 米，水经过火山石岩缝一层一层地过滤到 200 米深，差不多要花 1 万年。换句话说我们喝的是经过这个火山石过滤了 1 万年的水。我们的火山荔枝那么好吃也是因为长在火山岩上。所以说火山石是火山村村民的宝，也是海口的宝，是海口最大的宝。

扫描二维码，
观看《岛屿人生 · 十问陈统奎》

陈统奎自述

我是 1980 年生人。原来是琼山人，后来才是海口人。

2001 年因为上大学离开海口去南京，我当时是家乡博学村第一个大学生，去上大学的时候，全村人给我包红包。2005 年我从南京大学新闻系毕业先去了《新民周刊》杂志社做记者，在那儿工作了两年多，然后去了国内最有影响力的杂志之一《南风窗》上海记者站。从 2009 年起，我回到故乡，挖水井、盖水塔、修山地自行车道、盖民宿、创“火山村荔枝”品牌……转眼，已经第 8 个年头了。

我做的事情叫“再造故乡”

2009年，我以《南风窗》记者身份去采访台湾的乡村建设。在台湾，我看到了一股澎湃的力量——还乡运动。位于台湾中部，距离日月潭只有15分钟车程的桃米生态村曾是所在乡镇最穷的村子。1999年桃米村经历了“9 · 21大地震”，破坏严重。然而经过灾后的社区营造，桃米生态村成了台湾乡村建设的一个标志性符号。

那次采访，我看到台湾很多村落有20~30间民宿，全世界各地的人都可以到这个乡村住下来，零距离地接触当地的风土人情。所以民宿是作为桥梁来连接世界的，然后全世界的资源进来改变这个村庄，特别是人才资源。台湾地区1990年代开始的还乡运动到现在还在进行当中。

我依然记得，采访行程结束，台湾两位记者朋友陪我上台北阳明山喝咖啡。我跟他们激动地描述，在海南岛，有一个火山口古村落，依然是一个看天吃饭的传统农村，连自来水都没有，几乎年年干旱，种下的荔枝树几乎很少碰上丰收年，农家的日子得过且过，而它就是我的故乡，我要回去再造故乡。那天从阳明山下来，雨后见彩虹，而且是双彩虹，台湾记者笑曰：做白日梦的人，遇见彩虹就能实现。

回故乡后，我提出“再造故乡”这句话。因为我们离开了故乡，重新回来，所以我做的事情叫“再造故乡”。

从挖水井到盖民宿

接触到了台湾的返乡潮，受到影响我就返乡了。回来后先从村庄的营造开始做。一开始都是基础设施建设，比如说我们村没有自来水。我就给海口市委书记陈辞写信，说我们这个村是革命老区，请政府帮忙解决饮水难问题。

这封信陈书记一收到就做了批示，当年水井、水塔包括水管就全部帮我们做好了，效率非常高。水井落成典礼那一天，我把它作为“再造故乡”的启动仪式。因为老百姓要眼见为实，你还没有做出业绩的时候来吹牛，老百姓不相信。但是等到你真正挖了一口水井，大家有水喝了以后，我告诉他们，我要带领他们自下而上，不通过“等、靠、要”来再造我们的家乡，大家就都相信了。接着，我们第二个项目——山地自行车道跟着上马。

因为我认为要连接世界，尤其是要连接城市的消费者，就必须要知道城市人在玩什么。我发现自行车运动很适合火山的那种地貌，所以我们就修了这个山地自行车道。确定要做这个项目后，我们先去找海南自行车运动协会合作，他们非常支持，还赞助了几万块钱。自行车赛道修好后，协会又去跟海南省文化广电出版体育厅打报告，申请把海南的一些自行车赛事放在这条赛道上来做。结果几次比赛办下来，媒体一报道，我们就出名了，开始有人进村来玩。但是这个时候我们就碰到尴尬了——赛道是啥？赛道就是一条土路，游客看了新闻来到这个村庄的时候，除了一条自行车道我们什么都没有，完全不能提供旅游和休闲服务。我们才发现这件事既是尴尬，也是机会。所以 2010 年我就鼓励我爸爸先做了农家乐，让大家来了有水喝，有饭吃。光农家乐还不够，我开始找人来做规划设计盖民宿。到 2011 年底，民宿落成开业，一直经营到现在。

2010 年 6 月，海南省台办出面，帮我们办了一场仪式，博学村与台湾桃米村缔结两岸第一例姊妹村。政府开始陆续拨款支持修路、修文化室、修运动场、修电网、挖水井，其中最让村民们引以为傲的是，海南中线高速公路给我们开了一个上下口，从高速路口到村里不到 1 公里。火山村简直是用跑步的速度脱贫致富。才 60 户人家的小村庄，两三年就买了 10 来辆小轿车，用 3 分钟开上高速公路，再用 15 分钟就可以开到海口市区。

返乡论坛的缘起

时间回到 2012 年春节，我约海南省广播电视台的编导哈图在海口喝茶。他向我提问：博学村获得了政府和社会很多支持，你有没有想过怎么回报社会？

哈图认真地跟我说，海南非常需要青年返乡创业，你必须号召更多人一起行动才更有价值。那办个论坛？我弱弱地问。好，那就办论坛。可是，我没有钱呀。你起来号召，钱不就来了嘛！哈图的话既像鞭策又像忽悠，我也就那么点头了。那时我还是《南风窗》杂志一名号称具有“超级执行力”的记者。

真的说干就干。2012 年 8 月 6 日，首届返乡论坛在海口市大致坡镇龙泉乡园举行。那时叫“返乡大学生论坛”。论坛除了得到地方政府支持，岛内诸如海航集团、龙泉集团、海汽集团等大企业都慷慨赞助，吸引了全国 300 多名返乡青年参会。包括分享收获创办人石嫣博士、北京有机农夫市集负责人常天乐、上海崇明岛返乡青年贾瑞明等意见领袖都来了，尤其是友成企业家扶贫基金会理事长王平女士的出席，引起省委书记罗保铭的关注与接见，所谓“旗开得胜”莫过于此。

返乡论坛从 2012 年起连续在海口办了 5 届，刚好踩上了全国返乡潮的鼓点，顺势成为这股浪潮的号角之一。我还坚持每年邀请台湾优秀返乡青年前来交流，廖嘉展、赖青松等人都来过，结果变成了一个两岸返乡青年交流平台，鼓舞并影响了一批青年勇敢返乡，快乐留乡。

从 2009 年在台湾的采访受到震撼，到 2012 年演变出一个全国返乡论坛来，“剧情”这么展开，实话说，我自己都始料不及！办完首届返乡论坛 2 个月后，我主动辞职，从此踏上返乡创业这条“不归路”。

五六百件的荔枝，不到 10 分钟被抢光

做火山荔枝的源头正是 2012 年我发起的返乡论坛。

当时北京有机农夫市集创办人常天乐来参加论坛，我们请他讲农夫市集的故事。常天乐演讲完，我请他到我们家民宿去住了一晚。第二天醒来他发现我们的民宿周围全是荔枝林，就问我，你为什么不卖荔枝啊？我说我一个做记者的怎么卖荔枝。他说你可以边做记者，边回去鼓励你们村的乡亲们种荔枝啊。他还认真地帮我规划：你们的荔枝一开始不要求做到有机，至少没有农药残留，保证不用化肥，不用除草剂，你的荔枝就可以拿到北京来卖了。这次交流以后，我就真的去鼓励我们村的农民种荔枝。等到 2013 年，第一批荔枝成熟后，我们空运到了北京有机农夫市集去测试。当时推广说因为做了生态农业转型，荔枝的成本高，价格也比较贵，别人卖 5 块 10 块的时候，我们 1 斤卖到 40 块。测试的结果是 10 分钟不到，五六百件荔枝被哄抢一空。

被一抢而空后，第二天我们又紧急调配了一批荔枝过来，又瞬间卖完。我这就有信心了，就知道这条路可以走。第二年，2014 年，我们就创立了火山村荔枝这个品牌。

这之后用“自然农法”种植火山荔枝是我提出来的。自然农法是日本和台湾地区用的语言，欧美用“有机”这个词。我们开始先往自然农法的方向去做，叫转型自然农法。首先从减少使用除草剂、减少使用化肥、减少使用农药开始，最后我要做到农残检测没有任何残留，绝对保证消费者的健康。我们真的做到了。转型自然农法这个过程非常艰苦，但一年下来村民把荔枝卖给我们的价格比他平时卖到市场多赚一倍，辛苦一点他也愿意跟我们合作。

对了，荔枝的销售期一般是在每年五六月份。如果对我们的荔枝有兴趣，你只要记住我的品牌“火山村荔枝”，不管是微博搜淘宝搜微信都能找到我们。

再造故乡永远在路上

虽然这些年做了那么多的项目，但是最开心的是有一年我回来，一大早看到我们村口大树底下坐着打牌聊天的村民，有大人有小孩，欢声笑语，幸福满溢。早上 10 点过，我们上班族才坐下来打开电脑一个多小时，还在焦头烂额地写报告、写文章，村民们已经在吹着海南岛的凉风，幸福地晒太阳、打牌聊天。为什么？因为有水了。挖好水井，用水方便以后，彻底改变了这个村庄的生产生活方式。以前没有水只能种抗旱的庄稼，一年忙到头还没有什么收入。现在有水了什么都能种。农民没有城里人赚得多，但绝对比城里人（包括我在内）幸福感更强。看到这些，我很开心。

这样的生活方式就是我理想中的家乡。虽然还有很多不完美，还有很多功课要去做，包括村落文明建设，村庄的景观营造，以及未来从一个传统的农村慢慢升级为旅游村落。更重要的不是挣钱，是村民开始有机会接触来自四面八方的客人，他们的观念和视野开始慢慢打开。我不期待村民们突然变成百万富翁，但是我很期待他们不停地跟外界交流，然后获得进步。

总的来说，我的理想很简单——再造故乡，用一辈子去再造故乡，再造故乡永远在路上。在路上就是要“不停地去努力”，“不停地去改变”。我从上海回到博学村经营民宿，经营自然农法的农场，发起返乡论坛，都是希望建设一个更美好的故乡。

摄影：孙程伟

我把警服穿在心里

冯晖 / 海南省海口市公安局琼山分局飞鹰便衣警察大队大队长

海口珍物

飞鹰雕塑

从 2008 年进入飞鹰大队，我就感觉跟鹰非常有缘。我关注各种各样的飞鹰，每当看到展翅高飞的鹰，就感觉到精神振奋、充满正能量。为此我特地在办公室桌上放了一座展翅翱翔姿态的飞鹰雕塑，这只鹰也陪伴了我近 10 年了。每天看到这只鹰，都提醒我和我的队友们要不断发扬飞鹰搏击长空的精神，哪里有警情，哪里有困难，我们就像鹰一样地飞到哪里去，同时在追寻、抓捕嫌疑人的时候也要像鹰一样的快、狠、准。

扫描二维码，
观看《岛屿人生 · 十问冯晖》

冯晖自述

我 1973 年出生，是海口琼山人。我说的琼山是老琼山，就是府城这一带。原来琼山这里叫琼山市，后来与老海口合并成现在的海口市，琼山就成了海口市琼山区。我生长在这里，琼山的每一条大街小巷我都非常熟悉，可以说闭着眼睛都可以到处走。

从“编外警察”到飞鹰大队大队长

我是 1998 年进入警察队伍的，但是一直都没有入警。2004 年我参加公务员考试，入了警，第一次穿上警服。这之后，先是在派出所干了一段时间，然后 2008 年当了一段时间飞鹰大队的教导员，2009 年就担任大队长了。

飞鹰大队是 2007 年 9 月份成立的。因为当时我们琼山府城这一带的治安还比较混乱，打架斗殴，“两抢一盗”比较频繁。我记得那时候“两抢”案件平均每天发案高达 20 多次。为了扭转这种恶劣的治安形势，当时琼山分局党委就决定组建一支雷厉风行、打击精准的便衣队，起名叫作飞鹰。

之所以起名叫飞鹰，是因为当案件发生、追寻嫌疑人的时候，要求我们便衣队的队员们要有鹰一样的眼睛，在抓捕嫌疑人的时候，要求我们要有鹰一样的敏锐和速度，做到“快、狠、准”。来到飞鹰大队后，根据以往的经验，我和大家一起特别制定了一套行之有效的“追得上、打得赢”的训练方案。这个方案一直在不断完善，直到现在，10 年来一直沿袭了下来。比如，每周一、周三和周五下午是我们的惯常训练时间，队员们会用 2 个小时的时间练擒拿格斗、练驾驶技术，还有如何规范执法。经过严格的训练，我们的队伍整体素质得到了大大的巩固和提高，作战能力不断增强。在这 10 年间，我们破获了各类案件 9 243 起，抓获各类违法犯罪嫌疑人 16 557 名，缴获枪支 62 支，缴获管制刀具 5 057 把。曾经群众反映强烈的“两抢案件”已经由 2007 年的日间平均 20 多起下降到现在的日间平均 0.2 起。

经过将近 10 年的治理，“两抢一盗”得到了有效扼制，治安案件大幅下降，整个治安状况大幅度好转。

刚开始，每天都像打仗一样

飞鹰大队刚成立的时候琼山的情况很复杂，每天都有好多起“两抢”案件。当时我们的队员少，包括我在内只有13个人。刚开始，每天都像打仗一样，经常通宵工作。2012年、2013年我们几乎每个人每天都要工作13到15个小时。我们那时候都是骑摩托车出警的，有时候真的是坐在摩托车上都能睡着。那时，我们每天都能抓到很多“两抢”犯罪分子，而且那时受伤的队员也比较多。记得2008年年底，当时有一个队员因抓捕被撞成粉碎性骨折，在床上躺了3年。2011年他康复后回来队里上班，没到半年时间，手筋又被砍断了。这个队员叫许环波，加入“飞鹰”之前他是一名散打教练。

因为当时警力有限，就从社会上招募了一些有特殊技能的新手，还有一些侦察连、特种部队的退伍兵也加入到我们的队伍中，由我们正式的民警带领，一起去打击犯罪。

我们平时都会在路面上巡逻，因为只有在路面上才能快速反应。比如，你知道黑车抢劫，一抢到后他马上骑走，速度是很快的。如果我们都在办公室，从办公室出去、再跟受害人了解情况、再布控，人家早都跑到文昌了。因此，我们在各条路、各个点都安排有队员在守着、在巡逻，一旦发案，各个点的防控网就会立马架构起来了，所以才会快速反应。这是我们平时就构建好的一个网络。比如说近段时间，如果凤翔路发案频繁，我们就会在这边多部署一些队友，有针对性地来进行布控。而且平时我们队员也会深入到辖区里面去了解一些治安热点、治安难点，及时了解情况，有针对性地来进行打击。

对于我们这一带辖区里所有的大街小巷，我要求每个队员都要做到了如指掌，同时我要求每一个队员还要有5个以上的社会治安的“线人”。这是因为我们有39个人，除了两个内勤剩37个人，如果这37个人每人都有5个以上的“线人”，那么一共就会有200多双眼睛在帮我们盯着整个府城。

同时我们还发挥党建联建的作用，社区干部、保安人员等大量积极分子也帮我们盯住，一旦哪里有治安动向，我们会第一时间掌控，马上实施针对性打击。

5 天 4 晚围捕持刀劫犯

抓捕的典型的案例多了，我就讲讲去年 3 月份，美孝村那次追捕。

这个案件因为是我亲自带队，所以记得比较清楚。当时 2 个嫌疑人在海口多次抢夺，我们通过走访群众，调取监控，最后锁定了嫌疑人特征，开始在路面上布控。3 月 9 号，这 2 个人骑摩托车在凤翔西路火车站一出现，就被我们的队员发现。队员汇报上来后我们就一直跟，跟着他们到凤翔山庄那里，在摩托车上动手抢了一个群众的金项链，抢完就跑。当我们追到沿海大道跟龙昆南延长线的时候，已经有几组队员都赶到。正当我们准备实施抓捕的时候，其中一个嫌疑人竟然拿出一把 50 厘米长的砍刀向我们挥砍。

因为他这一挥要砍我们，我们就只能边躲闪边跟着，一直跟他往羊山大道那边跑。他当时看我们追得紧，就跑得非常快，我们也紧跟其后，一直追到了秀英一个村的路口的时候，他当时想拐入路口，队员就用车逼他，他用脚顶了一下我们队员的车，就拐进了这个村。村里面的分岔路口很多，我们把村口一堵，就开始进村搜。当时村口都守了人，他在村里也没办法出来，我们就骑车进村找，再次发现他的时候，嫌疑人骑车逃进了荔枝山。那个荔枝山非常的大，当时我把全队的队员都调过去了，还发动了美孝村的村民一起搜，同时村长又给我发动了隔壁两个村的村民都过来，把路口全部守住。我们一直找到当天晚上 9 点都没有发现嫌疑人的踪影，后来就安排人在那里守夜，我带队员出来吃点快餐、休息一下又接着去搜。一直到第二天还是没搜到。就在我们觉得无望的时候，到了第三天上午，天气忽然变冷。第一天我们追他的时候还穿着短袖，到了第三天穿着大衣都冷，还下着毛毛雨。估计那个嫌疑人在山上也是饿了，被蚂蟥咬了一身，鞋也跑丢了。后来他受不了就跑了出来，一下到环村路就被我们抓住了。我们抓住他的时候看到他满脚都是血。

抓到以后审讯，刚开始时他还不肯供出另外一个嫌疑人，他说那个同伙是省外的。可是我们就觉得不对，就去这个嫌疑人的家，也就是在我们抓捕他的那个村的隔壁村去了解情况。通过了解，村民跟我们反映这个人平时跟另外一个村的某个年轻人经常来往。我立马带着村民跑到那个村去看，村民说第二个嫌疑人就是这个村的村民。于是我马上部署，分一半的队员去抓捕，而另一半警力则留在山上继续搜索，因为担心他还藏在山上。到了村里了解到这个嫌疑人有两个住处，一个是新房一个是老房。经村民分析他很可能是住在新房，因为老房就他奶奶一个人住，很旧了。我们就派出少部分人去老房，大部分人去新房。没想到的是，在新房我们扑了一个空，结果他就在老房那里，正在和几个人吸毒。当我们突然扑过去的时候，他们也跑了，只抓住 1 个。于是我们又把全部人马调集过去，把那个村整个包围起来，搜了 2 天都搜不到。搜不到，但他也走不了。因为那个村他太熟了，他躲在哪儿村民也不敢说，但当时我们就一直坚守在那里。面对强大的攻势，第 5 天后他自己出来投案了。

就这样，2 个嫌疑人，5 天 4 晚全部落网。这个案子说起来已经算比较顺利的了，有些案件我们守了将近 1 个月才抓到嫌疑人。在城区范围内办案的过程中，有时候我们不得不乔装打扮成扫地的、卖报纸的，甚至乞丐。

没有奉献精神干 1 天可以，干 10 年不可能

（编者注：冯晖哭泣）

对不起。我突然想到受伤的队员。

我突然想起这 10 年来队员受伤的情况，这些画面全部都在脑海里，所以才控制不住自己。飞鹰队的队员们都特别的不容易，每个队员都是抛小家为大家，而且做的都是在刀刃上跳舞的事情。其实刚开始家里人都很不理解，包括我家人一样。但是随着社会治安的好转，家里人都看在眼里，也从不理解到理解，到现在的支持了。

怎么坚持下来的？首先大家有正义感，有奉献精神，而且大家都比较喜欢这个职业。要不喜欢的话坚持不了这么久。第二我们不仅是一个英雄团队，还是一个很有爱的团队。我们大队领导会不断地为大家争取一些条件，不断去关心大家，让大家感受到党组织的温暖。比如领导给我们飞鹰队队员落实了“八个解决一提高”，协调省里领导给我们每个队员解决了一套廉租房或经济适用房；解决队员的小孩上学，只要是队员的孩子，我们都会安排在最好的小学上学；解决队员的家属就业；解决每天一个蛋的工程；每个队员的生日我们都会送上蛋糕；我还多次协调区里把我们的摩托车都配成了最好的；最后，我们还想办法提高队员的待遇。原来我们队员都没有五项保险，后来通过多方协调给大家解决了。同时，这次市里还要给大家再涨一点工资，提高大家的待遇……从生活的方方面面解决了队员的实际困难和后顾之忧。

与此同时，我们每个队员都像爱护自己的眼睛一样爱护这支队伍。队员受伤，都是伤没好就主动要求来上班，从来没有一个队员要求休息或者是伤了要放多少假。在飞鹰队，没有奉献精神绝对是待不下来、也干不好工作的。在这里，大家每天都超负荷工作，家里常常顾及不到。我想说，如果没有这种奉献精神，你干 1 天可以，干 1 个月也行，但你要说干 10 年那是不可能的。

就是这种精神支撑着队员、支撑着这个团队在不断坚持、越干越好。现在辖区的群众对我们越来越理解，越来越支持。这两年辖区的社会治安发生了根本性的好转，我们大队的工作成绩，人民群众都看在眼里。

“我很珍惜穿制服的机会”

能够当上十九大代表，是我人生中最大的光荣，这也充分体现了党中央和人民对我们基层一线公安民警的关怀和厚爱。当然，是光荣，也是压力，更是动力。今后我当然只会更加不断完善自己，做好自己的本职工作，结合十九大精神，把十九大精神融入到我们公安工作中去。

参加十九大回来后紧接着就是在海口的各个单位去宣讲。现在刚回来 40 多天就已经宣讲了 50 多场。像昨天在妇幼保健院宣讲十九大精神，好多医生都流眼泪了，所以院长当场表态，以后只要是飞鹰队员来医院就医都要开绿色通道。他就说我们的队员太不容易了，他说他知道当医生很难，但是想不到我们当警察的更难。

我们平时都是不穿警服的。你一个便衣警察，穿警服怎么抓人？所以我大部分时间都是穿便装，但却把警服穿在心里。我作为海南的代表去北京参加十九大，只有 4 次会议要求穿正装，其他时间可以穿便装。但在开会期间，我每天都会穿警服正装出席会议，因为我很珍惜穿制服的机会，而且我想把海南警察最好的一面展现给大家。这在十九大会场显得很特别，记得那天新疆代表团的 11 位成员都跑来和我合影，尽管我知道他们并不是为了和我合影，而是为了和我的警服以及警服上面的勋章合影，但我还是感觉非常的自豪。

摄影：孙程伟

我在海口画海南

廖之肖 / 海南新锐青年艺术家

海口珍物

一支数码绘画笔

如果要说珍物，那就是我的画笔，这支跟着我一直创作的画笔。就像武侠小说里的剑客一样，人在剑在，画笔对于我也是如此，人在笔在！

我有好几支笔，用了很多年，它们陪伴我经历了求学到工作的时光，见证了我的成长。有时它会突然消失，有时又会突然出现。还有一支是数码绘画笔，《阿肖画海南》的作品大都出自这支数码绘画笔。这支笔有一个关于兄弟情的故事。我记得当时是在海口的一个乡镇搞创作，原来带去的那支数码笔突然出现故障，在海口无法购买到的情况下，我非常焦虑。云胜（海南本土青年艺术家）得知后，就专程过来把自己的数码笔送给我，让我及时接续我的创作，我很是感动。这支数码画笔，就是我的珍物，见证我的成长，见证我的友谊，我感恩我所遇见的一切。

扫描二维码，
观看《岛屿人生 · 十问廖之肖》

廖之肖自述

朋友们都叫我阿肖，我是海南儋州人，1981 年出生，在海南成长。2010 年大学毕业后在北京和厦门工作了一段时间，之后就回到海南。我很小就开始画画了。应该说一开始是爱好，持续到现在已经变成习惯了。

“阿肖画海南”

回海南的原因是我想认真创作一些作品。当时创作的欲望非常强，但在公司工作，在体制下创作，我失去了灵感，也没有了激情。我想重新找到创作的感觉，所以就回了海南。

其实回来之后没有那么具体想要去画海南，也没有把这件事形成一个很具体的项目去做。刚回来海口，有一天我被骑楼的景象触动到了。记得非常清楚：当时我正在街上无所事事地闲逛，走到了尚未改造的骑楼老街，刚好落日时分，感觉骑楼的颜色、状态和黄昏的颜色结合在一起，一下子冲击到了我，脑子里马上就产生了一幅古朴生动、很有生活气息的画面，于是马上拿起箱子和画板，就在路当中快速地画了下来。之后我想：我既然有绘画的技能，不如通过这种技能把海南的骑楼、少数民族、大自然、当地的人文等系列地呈现出来，后来就取了一个非常直接的名字叫《阿肖画海南》。

刚开始的时候，真的是很即兴。后来大家都知道我在画骑楼，于是就有很多朋友特地跑来给我们提供消息，比如说文昌有骑楼、有符家大宅之类的，那我下一个目标就会是去文昌画骑楼。

后来慢慢地，我的创作进行得更深入一些。比如我了解到八所是一个黎族聚居区，听朋友说那边有船坞，我们就下去采风。我们有时会住在本地黎族人家里，在采风过程中又有了很多意外的收获，比如织黎锦、布料蜡染，或古法的捕鱼方式，还有和黎民去山里采集当地特效草药的体验，以及一些黄花梨的制作方法和养植技术……印象比较深刻的是有一次他们带我们参观了蝙蝠洞。这个应该是我目前在海南看到的比较大的喀斯特地貌洞穴。它里面有很多蝙蝠，当地人有一种奇特的习俗，会去捕食这种蝙蝠。那次我们跟随当地人在岩洞里走了很久，大概有几百米，里面还有冷泉和钟乳石地貌，当时给我留下很深刻的印象，非常壮观！

就这样逐渐地，我的《阿肖画海南》越画越发现多种多样的海南、多姿多彩的海南，于是就越来越有创作欲望。随着《阿肖画海南》自媒体不断推送，粉丝也越来越多，很多人说通过我的作品对海南产生了浓厚的兴趣，也对海南有了更多的了解，这是让我感到最欣慰的。《阿肖画海南》其实是我对海南历史的一种追溯。我希望通过绘画这种表现手法把那些古老的东西、被遗忘的东西通过自己的语言呈现出来。比如黎族的图腾，既传统、也很酷，如果结合服装设计，其实是非常有设计感的。我们当时的想法很简单，我们想知道这片土地上那些我们不知道的事，于是就去挖掘它，我不能“容忍”在“自己的地盘”上居然有我们不知道的事情，所以我们就去做了。

所以，其实画海南，从我自己的角度来说，是我的人生经历中感情最深的一种表达方式，是我对家乡的一种感情、感知。怎么说呢？可能你一直留在你的家乡的话，感受不一定会很深刻。但是当你离开一段时间之后再回来，这种深刻的感情积压在内心里面，回来之后就这么爆发了，就一发不可收拾了。几乎是内心驱使我去创作，去把我这种情感通过绘画这个通道表现出来。因为积累太多的缘故，这种表现欲是爆发式的、很强烈。

关于大家的认可，我觉得是因为触动了、唤醒了大家内心共有的记忆，并把大家这种回忆在我的画里放大了，产生共鸣了——原来我们海南是这么的美呀！

“阿肖画非遗”

我最近又画了一个系列，主题是海口的 19 种非物质文化遗产。这 19 种非遗，其实是海口民间坚持与传承下来的一些习俗活动，对于他们来说就是生活的一部分。我也是在走访时无意间发现的这些特殊活动，当时很多这样民俗文化，当地人并没有意识到是海口特有的非物质文化遗产。海口这 19 个非遗项目我都有过亲身体会，印象比较深的是龙塘雕刻。当地人因为拜神的需要，自己雕了很多山神的神像。他们的雕刻几乎是无师自通，而且还很有自己的特点。刚开始画他们的时候也还不知道这是“非遗”的一种，在创作的过程中跟老匠人们聊天才知道了这门手艺的前世今生，于是我就产生了系统记录的念头。当时感受最深的是非遗这方面的资料非常少，我就只能到处打听到处去找，找到了以后亲身体验，然后再通过画笔表现出来。这样的走访越来越多，系统记录非遗的想法也越来越坚定。再比如那些我们小时候都吃过的古法红糖，制作过程却鲜为人知，为了创作我们真的就去观看了整个过程，才知道原来红糖是这么做出来的，这对我们触动很大。后来我去体验看“公期”（编者注：海南公期也叫军坡节，是海南人特有的风情习俗、当地汉族的传统节日）。我觉得这个闹公期太有意思了，场面很大，涉及了很多门类的民间艺术和本地风俗。比如穿刺。穿刺是公期的一种表演形式，就是拿着一根很长的铁往脸上扎。另外一些公期会邀请乡亲邻里来家里吃喝玩耍、摆流水席，持续好几天，仪式感非常强，这更是给我的创作带来了很多的灵感，是一个很好的表现题材。

最值得一提的是黄花梨制作的技艺。虽然说现代工业为雕刻制作技术提高了效率，但是总感觉制作出来的作品千篇一律，冷冰冰的，缺乏生气。而在看过海南世代传承下来的、独一无二的黄花梨制作工艺之后，则感觉非常走心、令人感动。在海南，因为黄花梨的珍稀，我们会认为这是上天赐予的神木，全身都是宝。我到黄花梨木制作人的家里，见他们手拿黄花梨木的时候神态认真、小心谨慎，他们觉得能拥有这种木材本身就是一种荣耀，所以他们也从来不浪费这种木材，包括在打磨过程中积下来的小小屑末他们都会留着。碰到小孩身上痒的时候，他们就拿黄花梨屑末煮水擦在身上或者喝下，据说会有治疗的功效。

而这些从事花梨木创作的民间艺人，对每一块形态各异的珍贵木头都怀有深厚的感情。他们在制作过程中以木取形、从不浪费。他们制作黄花梨家具的过程就像把一个孩子抚养成人的过程，从一块原木，到打磨、完工、制作成一个成品。家具制作完后，剩下的一些边角料树枝或树根，他们也绝不浪费，会打磨、制作成各种摆件放在家里面，感觉非常有创意。我自己作为旁观者从头到尾去体验了他们制作的过程，把自己完全沉浸进去，深深感受到他们的匠人精神，对我触动很大。另外，我还深入东方八所，看到了很多民间的花梨木工艺制作。民间的古法制作大多通过经验，在造型雕刻上都带有一种“拙感”。这种拙感与我的创作不谋而合。我需要的是这样的朴素感，在每个不同的题材创作上体现这种朴素的特殊性。这是我一直在寻找的。很想把这种感受通过我的画表达出来。

照理说，通过一幅画面很难去抓住这整个过程，但是我想如果在创作过程中，强调的是他们既感恩又独具匠心的那种状态，还有那种我能感觉到的古朴、深沉的调性，我会通过颜色体现出来。这是一种心理暗示。还有他们的表情，比较凝重、严肃。这种表情有很多种不同的解释，是对生活的、对行业的、对木材的思虑，以及我内心受到感染后想要体现的这种感觉，是一种虔诚的、沧桑的、历史的痕迹。所以，画《非遗之黄花梨制作工艺》这幅画的时候，我就怀着这种满心的温暖和感悟，抓住他们专注、虔诚、珍爱的瞬间，把古法制作过程中最传神的样子表现出来。

19 种非遗绘画推出来后，大家的反应很热烈，很多朋友惊讶海口还有那么多好玩的民间手艺。他们通过各种方式跟我联系，问这个地方在哪里、我可不可以去看看。我觉得能够通过我的创作让大家知道海口有这么好玩的老祖宗传下来的非物质文化遗产，而且我能够告诉他们在哪儿能找到，而且他们也去看了，通过这种方式让这些非遗也受到重视和关注了，从某种程度上来说，也是一种对文化的保护。

从文创的角度看，我觉得海口 19 种非遗项目里很多元素值得挖掘。比如图腾、公仔戏脸谱都很形象很生动，这些东西是永远不会过时的，而且这些传统元素可以结合现代潮流文化来开发出系列的文创产品。目前我们已经着手考虑把这些元素提炼出来做成年轻的、时尚的、能和大家产生共鸣的产品，包括饰品、服装，鞋子等等。下一步我们希望能做一个 19 项非遗展览，把这些非遗的文化结合我们生活中的日常用品来做一个好玩的展示。每个城市都有自己的文化符号，我觉得这些非遗项目就是能够充分代表海口的文化符号。

从一个人到一伙人

我现在不是一个人在战斗，还有好兄弟阿宏和云胜，我们一起组成了自己的工作室。

我们 3 个人走到一起是很偶然的事情。我跟阿宏从小都喜欢画画，小时候算是打过照面。我从北京工作回来之后发觉阿宏还在画画，就有了跟他一起做的想法。元胜是后来认识的，因为谈得来就聚在一起了。后来 3 个人因为志趣相投就走到一起，成立了这个云鼎工作室。

不少人说海南是一个文化沙漠，其实我回来的时候也感觉搞创作的人还是相对比较少的。让我感动的是回来后认识的这些朋友，他们都默默地做自己的事情。包括阿宏一直在坚持做模型创作，云胜是一个独立艺术家，他写诗写散文，做艺术馆。现在我们聚在一起，希望为海南的文艺事业做些力所能及的事情。

云鼎工作室主要做一些我们擅长的事，包括杂志设计、演出活动模型、酒店形象设计包装等。我擅长绘画创作，阿宏擅长模型和活动这块，云胜擅长摄影，我们的分工很明确。“阿肖画海南”这个项目就是我们这个工作室小团队共同努力的成果。我独立负责绘画创作，作品完成后，小伙伴们会帮我做互联网传播，阿宏负责工作室的网站建设运营，云胜在公众号和新浪微博上做推广。现在微博上的《阿肖画海南》已经进行推出了两百多幅了。

我总觉得，文化，只有文化才能让一座城市赏心悦目，而后流芳百世。我一直觉得海南基于旅游业的文创大有可为，例如各个市县就可以做有民俗特色、民族文化的推广、通过文创来开发周边衍生商品，包括旅游地图、特色纪念品、旅游风景线内容化等等。当然，我们需要通过有想法有创意的设计师给旅游产品加持，使得旅游周边产品有创意、有地方特色。希望政府在文创产业发展方面的布局和发展要再快一些。因为做文创的都是出于自己的热情热爱，商业上的意识和构建就薄弱一些。广州的红砖厂、成都的明堂，虽然不是很大，但他们在政府的扶持下发展得有声有色。例如政府会提供一些街道给艺术家做文创设计，然后再结合文创设计出美食街、主题商圈，他们的文创符号就逐渐成了一座城市的符号。

一个城市发展到一定程度，艺术和商业应该是和谐共存，相生相长的。我一直认为，文化才是一座城市的魂。意大利的佛罗伦萨、日本的京都，更别说法国巴黎、英国伦敦，它们的商业广场都会有一座座雕塑，定期或不定期的艺术表演和艺术空间展览。目前在海口，文创还很小众，最多就是自媒体做的创意集市，或者设计师自发组织的交流会。虽然我们自己也会做一些不定期的艺术展、类似集合各行各业和艺术家的海口“找房团”、陵水的复合艺术馆，还有海创公社创意项目等等，但总感觉我们只是那些星星点点的火种，不过只要来一阵风，就可以燎原。所以我们希望政府能够成为这阵风，例如主办有质量的全球范围的艺术展、艺术论坛，让全国甚至世界各地的艺术家来到海口，让海口的文创人才可以多多学习和交流，打开更大的视野。

现在海口做文创的这帮人最早的初心完全是纯粹自发地、从自己的角度发声，没有过多考虑商业利益去做这些事情，就像我们在做的“阿肖画海南”。

但是我相信，从一个人到一伙人，从一伙人到一群人再到一个城市，我们这样去营造文创氛围，会让越来越多的人沉浸其中。在这方面，我们海口可进步的空间很大，而且一定能做到。

摄影：王清俊

海口是“天涯”的家，我们不会离开

邢明 / 天涯社区网络科技股份有限公司董事长

海口珍物

“美国土地证”和断了弦的吉他

说到跟海口有关的珍贵的东西，我可能会选两样。一是“美国土地证”，它让我想起很多东西：冒险、闯海人、奇迹……当时有一句话：拥有一份美国土地证书就拥有一片美国土地。这真是当时特别奇怪的一件事。大概是 1992 年到 1996 年之间吧，你想一个普通人，居然能买到美国的一小片地方，而且明码标价，光明正大地卖。除了这个，那会儿海南什么都炒得凶，非常符合那段时期海南波涛汹涌的劲儿。

第二样珍物是我身后这把断了弦的吉他。你可能会觉得惊讶，我居然还玩过这个。一点也不奇怪，那会儿上大学，周围人人都在玩吉他，气氛浓郁，所以跟着大家一起玩，还在系里组过一个乐队。最早是一把木吉他，后来还买过电吉他，因为很久没玩，已经不记得这把吉他是不是当年那把了。那会儿海南一夜间来了很多闯海人，街头有很多弹唱歌手，有种非常有意思的气氛。这把吉他总会让人想起那个时代，一个波澜壮阔又不无诗意的年代。

扫描二维码，
观看《岛屿人生 · 十问邢明》

邢明自述

我祖籍海南文昌，父母都是文昌人。我自己出生在河北沧州，1979 年才回到海南，那会儿 11 岁，上小学五年级，后来初中高中都是在海口一中上的。我是学校老师的孩子，住在校园里面，视野所及也就是龙华路，还有一个解放路。海府路那一带就算是很远了。1987 年我以最后一届广东考生身份考上大学，因为 1988 年海南建省了。那时候假期回到海南，感觉家乡就像一个小渔村。当然后来小渔村一下子就热闹起来了，变成了一个冒险乐园。毕业时曾有很多机会留在广州，但当时唯一的念头就是回海南，因为热度已至。

从“海南在线”到“天涯社区”

毕业那年是 1991 年，建省初期一切蒸蒸日上。我是学中文的，很想进新华社或海南日报等单位做记者，但人家已经满员。当不了记者就想到省委省政府下属的智囊机构做研究。结果很偶然的，一个原来叫计划厅现在叫发改委的单位通知我，说有一个叫“海南省信息中心”的机构很适合我，于是就去了那里。

1991 年那会儿还没互联网，信息中心的主要工作就是整合各种信息，为政府做决策支持，同时也为社会服务。国家有国家信息中心，海南有海南信息中心。后来在工作中接触了很多计算机知识，算是“误入”IT 深处吧。1994 年互联网进入中国，我们是国内第一批接触这个新生事物的，非常幸运。在这个过程中发现，互联网可以解决很多问题。那时候我在做数据库啊电子信息系统什么的，一边做就发现这个挺有前途，于是 1999 年开始琢磨着想自己创业。正好那个时候海南股市正红火，我炒股挣了一些钱，算是有原始积累，于是就做了一个平台。

那时候第一代互联网产品基本上都是门户网站，国内有新浪网、国外有雅虎什么的，我们当时起名就叫“海南在线”。它非官办，完全是我们自己做的。后来继续往前走，开始不断生发冒出些新东西。因为那时候炒股的人很多，于是刚开始做“海南在线”的时候，我们就想做一个股市论坛，大家在上面能互相交流。再然后发现一个论坛远远不够，需要更多板块，于是就陆陆续续开了一些电脑论坛以及杂谈等，这就是后来的“天涯社区”。可以说是一路“歪打正着”做到现在，我们的公司现在叫“天涯社区网络科技股份有限公司”，当初最早的“海南在线”现在已经被缩小成天涯社区的一个板块、一个事业部了。

这些年发展过程中，一直不断有投资人、合作伙伴、甚至员工鼓动我们把总部迁出海南，我都不为所动。因为我们创始在海南、发展在海南，加上我本身是海南人，所以始终坚持公司总部留在这里。当然，坚守海南的过程中，既看到了一些非常好的方面，也丧失了一些机会，甚至遇到了一些挑战。

海南既不是经济中心，也不是科技中心，更不是人才中心，天涯诞生在海南完全是一个意外，发展更是一路坎坷。就在现在滨海大道帝都大厦这个地方，天涯的创业最早从 10 楼的半层开始，后来是整层，一点点拓展开来。我们的办公室面对大海，这是在喻示我们会有更广阔的事业，虽然身在海南，但一直想走出海南、走向全国。天涯发展到今天，公司在省外有很多分支机构，一多半人都在外地，在海南的人数不到一半。十多年前开始进军北京，然后是广州，再然后是上海，长沙也有个点。目前在成都正在做第二总部，因为成都给的条件非常好。我们还打算在成都打造一个游戏基地，叫天涯游戏文化产业小镇。

可以说，这么多年来天涯一直在发展，并未停步不前。

“一个普通 ID 背后也许隐藏的是一个博士或者一个新华社记者”

公司刚起步时，“海南在线”是我们的重点，大部分精力都花在这个平台上。那时候互联网也才起步，大家都不知道怎么赚钱，网络广告意识尚不存在。我们的一批技术人员主要帮助政府、机构、单位做网站获得收入，然后大家也在摸索，到底怎么赚钱？当时我们采取的是“以短养长”的策略。我们起“天涯社区”这个名是因为“天涯海角”景点在海南，同时也符合“海内存知己，天涯若比邻”的蕴意。刚开始这个论坛的维护人员很少，没想到流量和用户量涨势凶猛，活跃度和内容量越来越大，莫名像是符合某种互联网趋势。后来随着它的发展壮大，越来越多的人跑来这里说话和创作内容、发表意见、分享见解。2005 年，我们的“天涯社区”已经排到了中国 BBS 第一，这时我们意识到，“天涯社区”已无形中走出海南，成为了一个全国性平台。

天涯社区早期，用户素质和质量非常高，里面藏龙卧虎，经常会冒出一些牛人，一个普通 ID 背后也许隐藏的是一个博士或者一个新华社记者，或者是海外留学生，留言“冒泡”的质量非常高。那时候大家都很兴奋，经常突然冒出一个人，一通很牛的发言，然后突然走掉，不知道去哪了。比如有个叫布袋和尚的，对佛学很有研究，写了很多很有深度的东西以后，突然就不见了。当时在天涯，所有网络 ID 其实都是“马甲”，而非实名制，就算我们在后台也并不知道他是谁，是什么来头。正是因为这些精彩的东西和内容，天涯的影响力越来越大，逐步变成了中国知识界最大的平台、最权威的品牌。我们逐渐意识到，随着天涯越来越大的流量，它的价值越来越大。它的排名也从 1 000 名进入到全国前 500 名，然后再进入到全球前 100 名以内。因为有价值，所以整个公司后来在调整策略的时候，就逐步以天涯社区为主了，“海南在线”反而变成了一个针对海南本地业务的平台。

1999 年创办天涯到现在，很多人在分析天涯时都发现它有一些很有意思的特点值得研究。一方面天涯是被称为“全球华人精神归属”的一个地方，很多人都会说自己是“天涯人”，甚至到现在都不过时。不管大家在哪里，全球华侨华人都是知己，在文化上同根同源，这就叫海内存知己吧。另外，无论你在哪里，在天涯还是海角，你都有一种比邻而居的感觉。天涯若比邻，这一切都是网络的作用，虚拟社区就是一种网络社交。

另一方面，天涯实际上也是中国网络文学的一个原发地，最早的一批网络作家的原创文学作品都出自天涯。目前基于互联网的文学正在重生，以往要发表文学作品就靠上杂志、靠出书，现在基于互联网，文学作品甚至文化产业正在获得新的生命力，创作力在网络上真的就可以变现了。这就是数字文化产业，或者叫数字内容产业，有很大的机会和空间。

最后，就是天涯的宽泛与自由。当初的天涯完全自己组织、自然生长，没有谁去刻意设计，作者就是自己找过来的，自己当版主，开什么版、起什么版名都由他们自己决定，多元化是它的一个特色。总之，天涯从早期的知识界逐步扩展到了各个领域：股票、旅游休闲，文学创作……其他还有关心社会民生的、杂谈的、百姓投诉的、关心国际话题的“国际观察”，以及关注学术界的“关天茶舍”、讨论历史的“煮酒历史”……然后还有各地的城市版，比如北京版叫“京味悠长”，上海叫“阿拉海派”等等，这些版块都是网友自己开出来的，领域非常广泛。

同时可以看到，天涯上方方面面的话题既热烈又广泛，很多人说从天涯可以看到中国的真实状况，也是很多海外留学生了解中国真实状况的一个窗口。天涯社区实际上拓展了中国人的言论区间。比起过去，现在又有了微博，有了各种自媒体，一切都有了更大发展空间。这是一种进步。

总之天涯符合这样一种特性——去中心化，自组织，没有人去刻意编辑、刻意设计，完全由用户自己做主，很多人说天涯就是我们自己的地盘。我们有一个站务委员会，一多半的人不是公司的人，这是它的一个重要特性。另外一点，天涯之所以有很强的生命力，是因为天涯从最初就奠定的人文底蕴和文化基因，且能够长期保持这一特点。尽管我认为后来天涯的发展受到了一些制约，所幸我们在更加底层的这种人文基因一直都在。

“曾经辉煌过，正在努力做更大的平台”

互联网发展到现在，因为它一开始的反精英、去中心化的精神，使得它始终是一个典型的草根大众平台。天涯亦如此，早期也是一个大众平台，一个农民、工人，或是看门人，也许某一天就变成了一个作者、作家。每个人都是创造者，都有想象不到的创造力。

比如有一个作者，原本是天涯的一个版主，从来没接触过文学作品，甚至没上过大学，就是一个卖手机的，写了个《要爱请深爱》，突然就火了。他在天涯上创作的两个作品，第一部已经开拍电影。现在他不但成了一个红作家，还准备变身做导演，非常厉害。另外，还有那个 86 块钱走川藏线的张小砚，出的那本书叫《走吧，张小砚》，现在正在拍电影。当初就是在天涯上一篇一篇连载，引来粉丝无数……一旦你创造出一个环境适宜的生态区，它自己就会迅速变得生机勃勃。天涯的很多网络名人，包括写手，都是自己长出来的，不是我们造出来的。

至于往后发展，我们会致力于保持这种多对多的关系。最近我们在做的一个产品叫“天涯号”，工具都基本做好了。这个号跟一般的号不一样，那些号很多是自媒体形式的，后面有许多团队，甚至什么公司的。我们这个天涯号属于每个人自己，是你自己的小舞台，里边会分级、自然分级，你需要累积你自己的粉丝。一旦你有几万粉丝就如同有了一个小阵地，你可以和在那里和一帮粉丝一起玩，偶尔还可以直播一下，尽情展示自我。

这么多年来，我们一直在定位自己，一直在调整。原来没有意识到自己的品牌效应，老是过于谦虚，过于低估自己，后来碰到太多 70 后、80 后，他们都说“哎！我是看着天涯长大的”。他们从高中到大学到进入社会，那段日子一直是天涯陪伴着，时间延续非常长，而且都是非常有品位、有追求的一帮人，只是后来新的沟通工具出现以后，大家才开始慢慢迁移。迁移有两方面，一方面是垂直领域，其次是微博微信等新工具。

我们曾经辉煌过，代表的是那个年代，虽然目前平台有所下滑、有所调整，但是我们想的是如何再做一个更大的平台，有未来竞争力的平台，更高市值的一个公司。

“80 年代上岛的闯海人都有一个奇怪的情结”

1988 年海南建省，一下子让海口从一个海边小城市变成全国人民都向往的地方，甚至比对深圳的向往还强烈。当初来的都是全国最活跃、最有冲劲的一帮人，我们称之为“闯海人”。他们赋予了海口非常独特的一种气质，这是一个契机也是一个重要节点。这批闯海人有一个特点，就是抗风险能力很强，因为海南经济是一个浅底盘子，稍微来点水就满了，很容易受到外来的影响而大起大落，是典型的“浅碟经济”。当初海南既是中国房地产业的“黄埔军校”，也是中国金融证券行业的“黄埔军校”。我现在读 EMBA 的北京五道口，拥有中国金融业顶尖的一帮人，他们最早都曾云集海南。

说回海南 IT 行业，有一个说法是，这里的 IT 企业都“做不大、做不强、活不久”。假如你完全以本土市场为依托的话，肯定做不大、做不强、活不久，因为市场太小了。天涯之所以还能一直坚持，那是因为我们传承了闯海人敢于冒险的基因。记得当年做天涯之前，我还曾炒过美国土地证。那时候我还在政府的信息中心工作，发现里边有差价，进价 1 800 元，转手 3 600 元翻一倍卖出去。我是最早一批做这个“投机生意”的，当初既是海南的一个奇迹，也是特别奇怪的一件事。再看海航，一个地方航空公司做成了中国第四大。海南人敢于冒险，又胸怀全国、全球，我理解这就是一种闯海基因。

80 年代上岛的闯海人都有一个奇怪的情结，这批人在某种程度上成功了以后，都很希望用自己的能力反哺这座城市、这座岛。这么大一批闯海人为海南带来了很大活力，创造了很多优秀的企业。也正是这些不安分的、有才华的闯海人为海南在全国赢得了很大的竞争力，这是很难得的一种情结、很难得的一种力量。

“包容移民的文化，未来应该带来新的成长力量”

1988年刚建省时闯海人的性格都比较鲜明。后来不断有新人来到海南，不同阶段带来不同特质。还有一批人后来离开了海南，把事业做到了全国。我们在外省走动时，比如在北京、成都、重庆等地，经常碰到这批当年的闯海人。他们始终有一个海南情结，这跟天涯社区的情结是一样的。闯海的经历，是他们成长中一个非常难忘的过程。

对于我们而言，海口是我们的家，非常有归属感的一个地方，生态环境非常好，走出去就老想回来。另外，这边的人有点类似成都人，喜欢一种闲适文化，总体来说比较简单、质朴，同时又有一种抑制不住的成长力量，所以大家会觉得海南是一个有梦想的地方。这个地方一直在生长，它还有更大的可能性。它的独特气质可能来自当年建省时10万人才下海南带来的一种东西，这种气质继而又辐射影响到全国。

海口虽然只是一个小小的省会城市，但精神辐射力始终源源不断射向全中国，同时也影响了它自身的方方面面。跟一般省会不一样的地方在于，这种气质不只是海南的，也是全国人民的，有着非常独特的内涵。开句玩笑，海南是全国人民的后花园，它的精神是奔着开放、自由、创造、梦想而去的。虽然海口现在的发展并未完全达到这样一种状态，但它始终寄托了一种理想在自己身上。另外，海南不排外，是非常包容的，因为历史上它自身就是一个移民岛，任何一个地方的人来到海南都会觉得很自在。

当然，从旅游角度分析，海南一直不怎么能留得住人，不像大理、丽江、阳朔，人们可以抛开城市生活去那里待上半年一年，甚至待很多年或是长住下来，然后又在那里创造很多东西。海南不应该只是一个养老的地方，应该成为一个有创造力的地方。我希望一帮人能云集到海南长久待下来，待到乡村里面，待到小镇里面，待到农庄里面，然后创造内容、创造文化。最近我们在跟海南有关部门提建议，未来用 5 年左右时间，形成一个新兴产业，其发展方向就是能让游客留下来，为海南带来更多内涵，更多人文气息，让海南更有底蕴。说到底，海南不仅要做全域旅游，还要做全域文创。总之，这种包容移民的文化，未来应该带来新的成长力量。

天涯海角

吉狄马加

刚刚离开了繁忙的码头
又来到一个陌生的车站
一生中我们就这样追寻着时间
或许是因为旅途被无数次的重复
其实人类从来就没有一个所谓的终点
可以告诉你，我是一个游牧民族的儿子
我相信爱情和死亡是一种方式
而这一切都只会发生在途中

传递精神

逐梦者

摄影：孙程伟

人跟人之间就是一颗咖啡豆的距离

陈静怡 / 中国台湾地区高雄人，海口 AtoZ 咖啡联合创始人

海口珍物

一碗汤粉

我是一个不喜欢随身带任何物品的人，从台湾过来也只是带了些简单行李。我认为去到任何一个地方，带任何的纪念品都不如用心去感受一个地方然后记在心里。如果让我去想关于海口的一件珍物，我会选一碗汤粉。虽然每次回台湾也能吃到很多好东西，但每每回到海南最熟悉的还是一碗汤粉的味道。海口的汤粉（一种海口当地小吃）跟台湾的口味很接近，都很简单朴实。但不同在于，我会喜欢和用心做当地美食的老板聊天，每天见到他们都很开心，对我而言这是用心生活的最大动力。

扫描二维码，
观看《岛屿人生 · 十问陈静怡》

陈静怡自述

大家都叫我 April，我 1981 年出生，是台湾高雄人，处女座，喜欢白色和冬季。我的两个合作伙伴早安先生和 Zero 也都是台湾人，80 后。我们 3 个人来海南之前在台湾都是很平凡的上班族，来海口 7 年了，目前开了 3 家直营的 AtoZ 咖啡店。

第一次到海南觉得以后不会再来

最早来海南是陪奶奶度假，结果发现外面的世界跟台湾太不一样。一是很不方便，二是饮食文化差异很大，各种内心冲突，觉得以后不会再来。谁知机缘巧合，朋友 Zero 那会儿刚结束了上一份工作，而早安先生也大学刚毕业正面临职业选择，他很喜欢饮品，一直想做一家店，于是想干脆大家一起开一家饮品店。说归说，但肯定不会在台湾做这件事，因为台湾饮食店满大街都是，饮食文化非常成熟，最好能找到一个空白区挑战自己，于是想起印象深刻的海南。几个人就跑来探险，想把对台湾美食的体验带到这个新地方，为这个城市增加一些新东西，也顺带发挥一下自己的价值。

刚开始花了差不多一年时间筹划，遇到很多挑战，特别是我们的台湾口音。因为早年来海口的叔叔辈台湾人带来的不光是农渔业技术，还有娱乐事业，对民风纯朴的海南有一种很大的冲击，导致大家对台湾人有排斥心理。几次交流后，有很长时间我们甚至不敢告诉别人我们是台湾人。沮丧之余遇到一间咖啡馆和一个特别好的人，就是我们现在的首席咖啡师啡常老师，他让我们第一次找到了归属感。坦诚交流一个月后，有一天他突然问我们是哪里人，不想隐瞒，就告诉了他我们的身份及真实目的。没想到这样一来我们彼此立刻拉近了距离，变得毫无隔阂。热烈交谈的那一刻，我感觉到人与人之间其实就是一颗咖啡豆的距离，这句话后来干脆成了我们咖啡馆的slogan（口号）。

我们首家店开在非常偏僻的龙华路，想着节约成本，酒香不怕巷子深，没太担心。选这个僻静角落的另一个想法就是，想用一盏灯光点亮这个城市不为人注意的角落，温暖每一位旅人的心。不出意料，我们收到很多疑问：这地方能坚持下去么？我们还真没想那么多，觉得咖啡馆意味着美好，应该坚持，结果一个月后出乎意料地火爆了。

我们的店名叫 AtoZ，缘由之一是我叫 April，另一个伙伴叫 Andrew，所以是 Double A，第三个小伙伴叫 Zero，AtoZ 取了合意。另一个缘由是，我出生长大在台湾，那是一个包容性很强的地方，所以希望走出去后能带给新地方更多包容性和无限可能，A 到 Z 蕴含了所有字母，正是这个意思。它是一个循环，绝不代表结束，每一段旅程的结束，同时也是另一个故事的开始。从台湾岛到海南岛正是一个新的开始。

小咖啡馆不怕星巴克

对一家好咖啡馆的定义，我们跟很多人不同。我个人觉得咖啡馆不仅是一个喝咖啡吃东西的地方，还应该是人跟人亲密交流、互动的空间。外面的世界很纷扰很急躁，在这里不同，你可以安顿下来，让你的心有一个休息时间。等到休息和沉淀好了，推开这个门走出去，会用一颗坚忍、坚强的心面对这个世界。所以咖啡馆应该是一个港湾、一个栖息所、一个心灵驿站……

有很多客人就是因为这个原因喜欢上我们店的。有一个客人几年里从单身到谈恋爱，到向女友求婚到小孩出生到周岁庆生……所有的故事我们都历历在目，全程见证。现在他的孩子特别喜欢我们店的松饼和饮品，真是欣慰。还有一位老师，熟识后开始分享各种资源给我们，后来成为我们的服务指导者，同时成为特别好的朋友，一路温暖同行、相互交流，跟我们的店共同成长。而共同成长正是一家店和一座城市，和它的客人之间最好的关系。

我们总想把台湾服务行业的成熟文化带进来，一开始很多人会觉得有些突兀，比如不理解我们的服务生（我们称为伙伴）为何蹲着点单。其实原因很简单，就是因为人与人之间的一份平等和尊重，我们不希望你仰着头跟我们说话，也不希望我们的口水喷到你。这是一种服务理念，大家接受了就会习惯，一切源于尊重。

所以对一家希望长久存在的咖啡馆而言，它必须得有属于它自己的文化和理念，有历史沉淀在其中。我们自己咖啡馆的理念就是，它应该给客人以归属感，每个店员都应该让你感到温暖，像家人一样，彼此交流没有隔阂，特别放松。曾有人问我，星巴克来海南了你害不害怕，我说不害怕。因为星巴克有它自己的体制和文化底蕴，首先它把咖啡文化普及到全世界，是件非常好的事情，其次它能走向全世界自然有很多值得学习的地方。但是我们与它不同之点在于，店里所有售卖的产品都是我们自己手工制作的，首先是我们自己很喜欢吃，然后才会推荐给客户，且我们的产品特色来自台湾，会经常变化。星巴克走快捷和时尚路线，我们更温暖、更有归属感，这是两者的区别。

作为咖啡馆的灵魂——咖啡，每个人的定义都不一样，非常多元化，带有浓厚的个人体验，既极致又有趣。有人会不理解一个人怎么可能会为一杯咖啡赴汤蹈火，但确实会有一些人每天离不开咖啡，依赖咖啡。他们迷恋里面的可可、坚果香气，配着新鲜的热牛奶，浓而不苦，香气持久徘徊，这是生活的馈赠和回味，源自对生活的热爱，也是我们努力的方向。但更重要的，用好的原材料和好的设备做出一杯好喝的咖啡只是一家咖啡店应有的专业态度，更多东西理应来自背后的咖啡师以及将咖啡端到您手中的店员。里面含有他们的专注投入和热情，那是另一种温度，是一家咖啡店的温度，是能长久停留在心中的东西，能额外增加一杯咖啡的浓香度。它应该能被人感觉到，否则就仅仅只是一杯饮品而已。

由于大环境一直在快速变动，咖啡馆的生存一直都很艰难，每天面对诸如房租、水电、食材成本和人力成本提升等现实因素，我们的负担并不轻松，所以一家咖啡馆需要找到自己的核心竞争力和属于自己的经营理念。但一个城市需要咖啡馆，它是一座城市的温度，也是形象代言，她的人文气息正是通过很多类似咖啡馆、小酒馆和书店这样的小店面体现的。我们能感觉到目前政府大力扶持所做的努力，也期望跟它的产业升级、调整同步。只是这条路上我们会依旧保持自身的差异性和独特性，就像一个人，他需要个性突出，成为一个拔尖、引人瞩目的人，而非同质化的千人一面。

一开始来海口我的憧憬是把台湾所有的美好都带过来，然后也让很多人去吸收台湾的美好。甚至我觉得台湾在这方面的文化，放到海南来，大家应该都按照这个样子来照单全收。但是后来，我发现那可能是我自以为是的想法。台湾有台湾的好，可是更多的，我们会去尊重这个地区，和每个伙伴或来到这里的每一个客人，看他们真正的需求是什么。我们不怕让我们的伙伴去试错。哪怕你尽力了，但最后达不到想要的结果，我都会告诉你说这是你人生最棒的经历，而这些经历会帮助你去选择你要什么和不要什么，甚至在这个过程你也会看到自己的亮点、自己的竞争力。在不断的试错的过程中，让自己有一个最大程度的发挥和成长，活出你自己想要的样子。

“真让我在意的是那些小摊”

这座城市相较其他城市而言，发展略显缓慢，我倒并不觉得这是一个问题。大陆好玩的地方在于所有乡镇城市都发展迅速，任何城市别说 30 年，仅仅 3 年就会变化巨大，年轻人的生活方式也在跟国际接轨，城市软硬件迅速跟上。但海口的不一样在于这座城市的民风而不是变化。她最迷人的是人，最让人留恋的也是人，这正是我能在此停留这么多年的原因。这点跟台湾很像。

这座城市的魅力还在于，每次一想到美食第一想到的不是那些知名餐厅，而是街头巷尾的各种小吃。一条不知名巷子口或是街角的海南腌面、后安汤粉、腌粉、抱罗粉……每一样都是我的大爱，可以一整天一整周地吃，毫不腻烦。华丽的食材并不是我所在意的，真让我在意的是那些小摊，阿姨阿伯们会关切地问你想吃什么，然后很用心地专门为你烹制一份美味食物，那种感动无以言表。每次晨跑的时候我都会跟路边卖早餐的阿姨阿伯寒暄，走进他们的小店，他们会问你几天没见干吗去了，然后给你一碗大份食物收你小份的钱，再送你很多小东西吃，吃不下只好带回去给小伙伴们分享……后来发现哪天不去晨跑了都不好意思，会特地去吃去喝去聊天。这种互动和念想真的是一种美好，可爱又迷人，让人非常喜欢这座城市。

还有，这座城市的地理位置和文化氛围都跟台湾很相似，是一块宝地。她拥有自己的天然资源，空气和水未被污染，人民质朴，人与人之间真诚相待。这些优点如能再增加一些不同文化的交融和冲击，会让城市魅力进一步提升。建省30年了，当时将海南定位为国际旅游岛是非常清晰的一个方向，它的未来不仅取决于软硬件，更重要的是它的服务水准，那种人与人之间的互动与礼仪，那种“best service”的感觉。

总之，如果用几个词来概括这座城市的话，那就是——天然、质朴和温暖。希望有一天全世界都能感觉得到海口的美好。

摄影：孙程伟

世纪大桥是我生命中的一部分

高平 ／ 海口城市建设投资管理有限公司总工程师

海口珍物

世纪大桥

世纪大桥就是最棒的珍物。以前国内大型桥梁竣工时都会有一些纪念品之类的东西，2003 年世纪大桥竣工通车的时候，我们也曾考虑过做一些小纪念品，但各种原因和情况不允许，最后这个东西没做出来，有点小遗憾。所以个人跟这座桥有关的、珍贵的东西，就只有大桥的各种照片了。

扫描二维码，
观看《岛屿人生 · 十问高平》

高平自述

我是 1965 年生人，老家在哈尔滨，来海口是 1998 年底。之前在上海远东国际桥梁建设有限公司工作，负责施工管理。汕头礐石大桥工程项目结束之后，我们中标了海口世纪大桥工程，因此被调到海口参与世纪大桥的建设与管理。这个项目完工后又被公司调回上海。结果 1 年后被海口路桥建设投资有限公司聘用，又重新回到海口，还把户口也迁了过来，从此彻底成为海南人。

“当时紧张得心提到了嗓子眼”

世纪大桥对我而言意义非凡，它已经是我生命中的一部分。

技术上讲，世纪大桥主桥是座“双塔双索面三跨连续预应力混凝土边主梁斜拉桥”。它长 2 663 米，一共有 176 根斜拉索，当初建设时采用了很多新材料、新工艺、新技术。1995 年做设计的时候这个桥有几个亮点，一个是主桥的边主梁薄板结构，尤其是主桥桥面薄板，当时是国内所有这种结构形式中最先进的。还有就是大桥两个主塔下面的沉井，每一个沉井的面积将近 600 平方米，而且深入海床的深度将近 40 米。也就是说，沉井的最深处在水下海底 40 多米，相当于把 13 层高的楼沉在水底。而且海床的地质结构复杂，变化面大，所以施工起来难度很大。

刚开始施工时没想到水下地质结构异常复杂，沉积岩也非常坚硬。经过研究，我们现场发明了组合潜水钻才解决了问题。沉井时又遇到了难题。沉井混凝土封底是施工中的关键工序，质量和施工工艺要求非常高。封底前，为了确保万无一失，我们组织召开了无数次专题研讨会，在实验室做了一百多次混凝土配比实验。南面的沉井下水是 1998 年 9 月 8 日，北面的下水时间是 1998 年 9 月 14 日。经过 40 个小时不间断的混凝土浇注，终于成功封底。封底那天，当时紧张得心提到了嗓子眼。万一封底失败，可能导致混凝土开裂，海水渗漏，后果不堪设想。

世纪大桥的景观照明也很有特色。当时有很多方案备选，后来最终采用了“大鹏展翅”这个方案，竣工后海口本地的老百姓和游客都认为是一个亮点，我个人也很喜欢。因为家住在世纪大桥附近，我一个人经常静静地看它。可能我喜欢的角度跟大家不同，我喜欢看梁底，常站在桥的正下方从南向北看，那样显得立体感十足；或是站到世纪公园从侧面看，这个角度手机拍出的效果特别漂亮。

最终，高质量的施工、管理造就了高质量的大桥。每个关键阶段，省里和市里质检部门都会来进行拉网式检查，出来的结果是：世纪大桥合格率达100%，优良率达90%以上，而且大桥混凝土外观、密实度、光洁度都是一流的。

“桥梁跟地里的庄稼一样，每天都能看到它在生长”

造桥这事既有趣也枯燥，还辛苦。有趣在于，桥梁跟地里的庄稼一样，每天都能看到它在生长。枯燥是因为每天就只能是面对它，常年吃住在工地，生活单调没有娱乐。至于辛苦主要是说一线工人，他们平时一年也回不去一次家，有时候两年才能回去一次，中间只能等家属来工地探亲。我自己也一样，当初孩子还小，一年多才回去一次，结果回到家孩子根本不认识你，心里很难受。至于到了建桥的关键性节点、关键性工艺时，所有工作人员都不能离开，必须保时保质完成工作。当初世纪大桥的主桥合龙前锁定是我亲自带队施工的，为了达到最好的效果，我们通过监控指令演算出来时间是后半夜凌晨2点到5点日出之前。大家只能在现场慢慢等，不能离开，然后抢时间干活，以免错过最佳时机。不过桥梁锁定结构那一刻特别激动人心，它意味着大桥合龙成功，而大桥合龙是一个桥梁基本完工的重要节点。

我们参与建设的世纪大桥最后被称为海口地标和城市名片，意义可以说非同凡响。它给海甸岛片区的房地产、地方财政税收也带来很大影响。此后不久，海甸岛的房价迅速上升，当年从一平米700多元一下子涨到2000多元。世纪大桥完工后，我又陆续参与了很多建设项目，基本上涵盖了1998年后海口的各个桥梁工程：海新大桥、新东大桥、海瑞大桥、和平桥、人民桥、海口绕城高速公路、桂林洋大学城，甚至万绿园里的那几座小桥……当时我来海口的单位叫海口市路桥建设投资有限公司，任务就是道路和桥梁建设，而且以桥梁为主，所以海口市大大小小的桥梁基本上都是我们公司建设的。我算是参与了除设计以外的所有环节：项目立项、批复、可行性研究报告、初步设计、施工图设计、招投标、施工过程管理、竣工验收、交付运营使用、桥梁维护等等，而且是全程跟踪、全程参与。

“海南完全是生活的天堂”

在海口生活这么多年，一直感觉海口最初是慢生活、慢节奏的社会，后来节奏慢慢变快。我认为海口没必要跟其他城市一样发展那么剧烈，还是应该回归她最初的城市理念，作为一个独特的健康岛和长寿岛存在。慢生活、慢节奏是她的一个优点而非缺点，或者说应理性发展而不是单一求快。在待人接物这方面，海南人非常热情，包容性极强，三教九流都能吸收和接纳，对外来移民不排斥，这是她非常好的地方。

其次海口跟内地城市相比，彼此间文化差异较大。比如她的夜生活可以持续到后半夜甚至到天亮，跟北方完全不同。说到居住和旅游，我认为三亚是一个旅游城市，适合短期旅居，但生活还是在海口更适合。再说创业机遇，有人觉得珠三角或长三角机会较多，我的看法是海南机遇同样多，就看你怎么抓住它们。而且珠三角、长三角并不具备海南这么得天独厚的自然条件，如果你自己始终处于懒惰状态，机会就算摆在你面前你也看不到抓不住。

就区域气质来说，海南完全是生活的天堂。首先是她的地理位置，海南岛是南海上的明珠岛，地理位置非常好，四季如春，气候适宜，自然环境舒服，特别适于生活居住，一点不次于台湾岛。第三大岛崇明岛在东面，生活条件好是好，但地域文化、地理结构、气候温度等很多方面完全不能跟海南比。

说到城市建设，海南全岛的基础设施建设速度相当快。1998 年我上岛的时候，海南的高速公路只有东线高速，西线高速刚刚开建，东线高速是全岛唯一一条双向四车道。现在全岛基本上已经突破田字公路格局，做到了四通八达。海口同样变化巨大，世纪大桥建完之后，市内交通状况逐渐完善起来，一些钉子路口、断头路，该打通的都打通了，非常方便。

当然，海南文化里也不能说没有缺点。比如说它的语系复杂，方言繁多，十里不同音，相互之间听不懂，可是很多当地人之间交流就用方言，这一点我觉得有待改变，应该大力推广普通话。从保护地方文化角度来讲，本地话要继续发扬光大，但普通话也要推广，这有利于整个地区经济跟国际接轨，进一步发展、消除隔阂。总之，我们的共同目标都是想把这座城市、这座海岛建设得越来越美好、越来越漂亮。

世紀大橋
世紀大橋

摄影：孙程伟

从无核荔枝到西沙诺丽，我在海南寻宝高新农业

洪钢炉 / 海南陆侨集团有限公司董事长

海口珍物

无核荔枝

我的珍物是无核荔枝。这种无核荔枝，并非转基因和生物激素所为，它完全通过控温使得荔枝的种核失去生长条件导致退化形成无核。这是我们自行研发、有自主知识产权的科研成果。这种天然的珍稀物种在我们多年的研发试验下，已经开始大规模商业化生产种植，可以算是为社会、为海南做了一点点实在的事情。

据我所知，目前全球仅中国种植有无核荔枝，种植总面积不足 11 000 亩，其中海南岛的种植面积约 8 000 多亩。因为独特而且稀少，所以珍贵！

扫描二维码，
观看《岛屿人生 · 十问洪钢炉》

洪钢炉自述

我60年代初期出生，祖籍广东陆丰（现在的汕尾市）。海南建省办特区第二年，也就是1989年5月份我来到海口。来海口之前我在深圳做贸易业务，当时得知海南建省办特区，我在中国地图上找到了海南岛。看到这颗独立于琼州海峡之外的南海明珠，心里想热带岛屿的环境一定很好，加上商业直觉判断，海南建省办大特区，必然有大量的机会，于是我成了当年“闯海南”百万大军中的一员。没想到一来就是30个年头，这里成了我的第二故乡，再也离不开。

寻迹无核荔枝

刚来海口的时候，它连广东的一个镇都比不上，感觉就像一个村庄、小渔港。当时印象最深的是供电不正常，到处都是发电机，没有红绿灯，不过能明显感觉到城市建设的热烈气氛。初到海南，主要以钢材贸易进口业务为主，正好赶上 90 年代初期的那一波房地产高潮，得益于海南的优惠政策和特区大环境，生意做得风生水起。随着公司发展和对海南的了解，我一直思考，中国最南端这块生态环境这么好的风水宝地，有得天独厚的农业种植自然条件，是不是可以在这里顺势而为、做些因地制宜的事情呢？1997 年以后，我逐渐把企业的经营重心转向热带高新农业技术开发，到现在已经超过 20 年。

在海南，提起无核荔枝，基本上都会说到“陆侨”、说到我，甚至市场里的水果摊贩会主动告诉你“这是陆侨的无核荔枝”。我现在种植的无核荔枝面积和产量占到了海南岛总量的百分之六七十。关于无核荔枝，是这样开始的：当年海南的一位领导告诉我，秀英羊山火山口区域有一种无核荔枝，是个好东西。想想都美呀，肉厚味美的荔枝，咬一口居然中间没有核，那该是种什么样的感受。我们就去看了，这个无核荔枝竟然真的是一个爽口，咬下去一颗纯果肉，而且味道和普通的有核荔枝不一样，口感独特。听当地人说，它还有一个特别之处，吃了不上火。我实在是太惊讶了，意识到这又是一个商机。带我去寻找和品尝无核荔枝的领导建议，如果觉得好可以对它进行研发、规模化种植，预计市场前景可观。说干就干，我一次性在澄迈县投资建设了 1 000 多亩基地，开始研发、种植无核荔枝。

我们打听到，早在 1988 年，广东省对荔枝资源做普遍调查，发现在海口羊山地区火山群区域有一片原始的野生荔枝林，因其独特的地理环境和神奇的火山地质土壤，蕴育了丰富的荔枝品种，是中国乃至世界名副其实的荔枝种子资源库。正是那次广东省荔枝资源普查，在这片原始野生荔枝林里发现了少量无核荔枝。

接着，我们对无核荔枝做了深入研究，听说有无核荔枝嫁接繁殖技术，立即与行业内的一位农业专家合作。在获得了一些无核荔枝种苗后，按照他的方法，到羊山地区寻找砧穗亲和力强的珍稀母树种苗来嫁接，结果不成功。后来证实是因为当时所选的砧木选种不合，没有亲和力，导致嫁接失败，白白浪费了几年的时间（编者注：砧穗亲和力是指砧木和接穗嫁接后，在内部组织结构、生理和遗传特性方面差异程度的大小。同品种或同种之间的嫁接亲和力最强，嫁接后最容易成活）。但我们没有放弃，此后我们请到了华南热作两院的郑学勤教授，共同进行无核荔枝专项课题研究。郑教授领头，从46个荔枝品种砧木中挑选并反复实验，终于找到亲和力最强的野生荔枝品种（13号荔枝）作为砧木，嫁接成功。仅仅用了一年多的时间，我们就把枝条嫁接的成活率从1%提升到85%。在我们的无核荔枝研发上，郑学勤教授居功至伟。他1952年从北京大学毕业，来海南参与创建华南热作两院工作，结缘橡胶事业。与我们合作后，开始无核荔枝生物资源的研究。

那么，在没有任何外力因素和转基因手段的影响下，荔枝的无核是怎么天然形成的呢？是通过“控梢”和“温敏”形成的。首先“控梢”，每年11月份就要控制荔枝树梢的生长，让荔枝树养分积累，一般控制到次年1–2月份时让荔枝树抽花穗，这个时段必须通过观察天气和气温来控制花蕾不能过早开放。第二步“温敏”，就是温度敏感，是通过温度来自然形成荔枝无核的关键一步。通过之前的控梢控花，一般在3月20日左右让荔枝进入盛花期（这一时段琼北正常气温在22℃~26℃），这种条件下进入盛花期的荔枝就会无法形成核。原理是：盛花期，花在不同温度下流出的蜜汁成分不一样，只有气温控制在28℃以内的花蜜，才能使得果蒂不发育，从而自然形成无核，如果气温太高就会形成核。因此，荔枝无核的形成，并不是转基因，也非任何植物激素造成。“控梢”和“温敏”，才是无核荔枝最核心的技术。

为了在已有的成果基础上进一步精细研究，我们专门成立了无核荔枝研究所，经过 11 年不断的研究筛选、实验繁育，历经 8 代，最终培育出了目前市面上的拳头产品“并蒂红”无核荔枝。普通的荔枝树在一根枝条上通常可以结出四五十个果子，经过我们的努力和实验，在栽培过程中通过剪枝、控梢、疏花、疏果等技术，在每一根枝条上只保留 3 对果子，可以保证结出的果子在色泽和品相上颗颗精神、粒粒饱满，加上控花时我们有意识地一对一对保留，最终挂果的无核荔枝基本是成双成对的。

另外，我们选择把澄迈作为无核荔枝生产种植基地是有考虑的。澄迈位于琼北，属于火山岩熔灰、玄武岩风化的红壤土，有机质和硒元素含量高。陆侨无核荔枝早已实现全程有机种植，生产过程完全不使用化肥、农药和化学激素，当然，“控梢控花”和“温敏”技术手段决定了我们的无核荔枝完全天然长成，而非转基因品种。

目前，陆侨无核荔枝果园已扩大到 6 000 多亩，是国内最大的无核荔枝种植示范基地，拥有无核荔枝的自主知识产权，生产技术达到国际领先水平，并被评为国家农业部热带作物示范基地，具备国家注册的出口果园资质，年产量达到 1 500 吨以上，是当之无愧的国内无核荔枝第一品牌。

在西沙，我们找到了一种一吃就想吐的果子

与我们合作研究成功无核荔枝之后，2003 年，郑学勤教授给我介绍了另外一种水果——诺丽果。那年，郑教授在南太平洋群岛的斐济、库克等地考察，认识了诺丽果。回国后告诉我，诺丽是源于南太平洋群岛的热带植物，它的果子味道古怪，人一吃就想吐。在斐济、巴西、美国夏威夷，以及其他好几个国家都有，那些海岛的居民平均寿命在 80 岁以上，当地人认为诺丽

是长寿的秘诀，所以称诺丽为“长寿果”。在东南亚地区也有，基本上是野生的。近几年，人们逐渐发现诺丽果对健康有神奇效用，民间说它是“百病良药”，主要突出表现在身体功能修复方面。凭着多年的热带植物研究经验，郑教授认为这种奇异的果子具有较高的开发价值。

诺丽是热带植物，我们国家是否会有这种果子呢？一开始连三亚都没打听到诺丽，但既然是热带作物，在海南应该会生长。极其偶然，一次神奇的经历，我们在海南发现了诺丽，应了那句“踏破铁鞋无觅处，得来全不费功夫”。我记得是2004年6月的一天下午，我陪着一位老朋友去三亚附近的西岛游玩。当时正在散步，突然刮起一阵风将老朋友的帽子吹走了，我们顺着帽子被吹走的方向去找，发现帽子被风吹到了一棵树上。我上前一看，树上挂着的是我在照片中见过的、再熟悉不过的果子。天啊，这不正是我们苦苦寻找的诺丽果树吗？我当即给郑教授打电话，他马上赶到三亚，从西岛把诺丽带回做实验。后来我们了解到，在三亚西岛，诺丽果被当地人称为海巴戟，在整个岛上，仅仅发现 2 棵诺丽果树。

诺丽在海南被找到了，而且是通过这样一种方式让我们找到的，我觉得很神奇，也许是冥冥中上天的指引，暗示着我们和诺丽的缘分。在西岛发现诺丽之后，郑学勤教授就更加坚信在三亚以南会有更多的原生诺丽果树。三亚往南就是西沙群岛了，郑教授提出去西沙群岛的永兴岛考察。那个时候去永兴岛不方便，必须通过部队批准。当部队了解到郑教授的科研目的之后，非常配合专家的需求，同意我们乘军用飞机上永兴岛。那是让我激动的一次旅行，郑教授带我们一行人乘坐的飞机一落地，我们看到了成片的、我们朝思暮想的野生诺丽果树林，一眼望去好几百棵……

在永兴岛上，我们和当地的渔民聊天，当地人都知道，诺丽虽然臭，但浑身是宝，用诺丽的根泡酒治高血压有奇效。后来，在西沙群岛找到了更多的原生诺丽果树。我们公司现在已经会同三沙市政府和中国发酵研究院，三方联合把西沙群岛的诺丽果树全部保护起来。西沙群岛有着种植诺丽的优良的天然条件，有岛有居民的地方，我们就鼓励岛民种诺丽果树，同时可以提供加工技术把诺丽果做成诺丽果干等等。

经过郑教授的成功引种，当年我就投资了 3 000 多万元，在三亚承包了 3 000 多亩土地种植诺丽果树。2006 年，诺丽量产后，如何加工和投放市场的问题摆在眼前。解决这个问题的过程闹过笑话。我查找资料得知在国外有把诺丽果直接打成鲜果浆喝的，就想诺丽应该可以当水果卖。结果拉到水果市场后，因为诺丽的味道古怪卖不出去，只能都拉回果园。没想到这些诺丽果放了 10 多天不但不腐烂，而且还不臭了，原来是果子自身发酵了。我又通过查阅资料得知国外早有发酵诺丽果汁的生产企业。于是，我们建立了一条自有的诺丽果汁生产线。经过这些年不断研发，除了诺丽果汁，我们还开发了诺丽果干、诺丽香皂等系列产品，诺丽慢慢被越来越多人接受了。

目前，我们在三亚有 2 个诺丽种植基地，东方 1 个，近期会在昌江再投资 1 个。我们的计划是在适合种植诺丽的每一个市县建标准化基地，像无核荔枝一样，由我们提供技术和种苗，带动老百姓种诺丽果树，并回购果子和加工。通过“公司 + 农户 + 技术 + 品牌”的模式，将高新农业进行标准化生产管理，一方面可以更快实现规模化生产，另一方面也能带动当地农户创造社会价值的同时提高他们的收入。

在海南，只要你努力就一定会有收获

海口是一个有活力的移民城市，有人文底蕴，包容性也很强，不排斥外来文化。这里的人民淳朴善良，历史上因孤悬海外，通信和交通不便，外来信息和文化有限，加之经济落后，在改革开放和建省办大特区之前，相当比例的人缺乏基础教育，整体文明程度不高，但他们内心还是向往进步、文明和文化的。

讲一个我刚来海南做钢材贸易时的小故事。有个被称作“烂仔”的本地小年轻，也就是社会小混混，没有正当职业，三天两头骚扰我的生意，今天找茬、明天要钱，不给就闹事。闹了几次之后我请他吃饭，别人纳闷，和“烂仔”讲什么道理？我请他吃饭的时候跟他交心，引导他：“海南这么好的政策，我们不少内地人背井离乡漂洋过海都来海南找机会做事情。你这么年轻，为何不借天时地利人和，凭自己的双手打拼事业？”后来我和这个年轻人成了朋友，他自己做起了生意，而且越做越好。这些年，在人生、事业的关键时刻遇上问题和困难，他甚至他的父母都会找我寻求帮助，我和他一家人都是好朋友。我还帮助了周围其他好几个像他这样的年轻人。为什么我讲这个故事、聊这些人呢？是想说海南的人比较包容，他们乐于接受外来先进文化和理念，只要能带动他、帮助他进步，只要他知道你为他好、你愿意帮他，他们愿意和你交流、和你交往。从这点来看，海南是比较独特的，这里的人很可爱，在其他地方不一定有这样的人文氛围。

建省 30 年，海口最大的变化是环境越来越好，城市规划和建设越来越好，人文底蕴和文明程度也在稳步提升，这种变化是全方位、根本性的。特别是这两年，海口市委市政府大力推进城市升级改造，保护和修复生态，推广椰子树为主基调，滨海大道、滨江大道各是延绵 10 多公里的椰子树，种植成本低的本地大叶油草，通透秀美，在滨海大道上可以直接看见海，体现了政府和领导的魄力，也突显了尊重自然、俭约修复、本地特色的先进理念，海口“椰城”的美誉实至名归。滨海大道的动态夜景灯光，亮度和靓度双倍增，把海口城市之美又提升了一个级别。海口真的是今非昔比了！提到我们工作生活在海口，别人都羡慕。当然，海口还有亟待改进的地方，也是整个海南需要提升的，那就是交通、商业、服务、文化等系统的配套。没有理由不相信，海口、海南会越来越好，不管是大企业还是小百姓，只要你上进，你努力，这座城市都会给你回报。

从最初为城市建设做钢铁贸易，到热带高新农业技术开发的成果——无核荔枝和西沙诺丽，我一直希望做些对社会、对海南岛有帮助的事。这一点，从始至终都没有改变过。我一直对新生事物感兴趣，别人不想做的事，我只要想好了就会去做，但是新领域、新事业是需要付出成本和代价的，甚至是不小的成本和代价。所以，除了愿意付出，还要能承受得住付出的代价。我常说，那些看着赚钱的事比如说房地产开发，我没有太多兴奋度，钱赚到了感觉平淡。反倒是看着不赚钱、独特的事情让我挺快乐。赚钱不是最重要的，像诺丽和无核荔枝这样的高新技术农业，做成了我就很开心很满足。这么多年来，这两个项目我是花了大笔投资的，是靠从其他项目的利润来补贴。这两个项目逐见成效，我心里有些欣慰，也小有成就感。做一些创新的事情，做一些对社会、对海南有价值的事情，这算是我所谓的梦想和情怀吧。

摄影：林峰

记录黎苗文化 20 年

胡亚玲 / 海南民俗摄影记录者

海口珍物

椰子

对我而言，最好的珍物就是椰子。

海口是椰城，海南岛是椰子岛。我每次下乡去拍摄，看到老百姓最热情的待客方式就是“噌噌噌”爬上高高的椰子树，给客人摘最新鲜的椰子，三下两下砍开，然后插上吸管请你喝。我最爱的就是炎炎夏日里吸入第一口椰子水时那种沁心凉的感觉。我觉得椰子是上天赐给海南最好的礼物。

扫描二维码，
观看《岛屿人生 · 十问胡亚玲》

胡亚玲自述

我今年 62 岁，1992 年来到海南。来海南之前我在云南林业运输公司当工会副主席，事业处于上升期。因为女儿的爸爸和朋友一起来海南创业，我就请假带女儿过来暂住一段时间。1993 年女儿在海口九小上学，为了照顾女儿，我就下决心正式调到海口市工人文化宫。初上岛时刚过本命年，36 岁。一晃 26 年过去，海口早就是我的第二故乡了。

1998 年第一次走进黎村苗寨

刚来海南时建省不久，那时感觉文化差异太大，思想碰撞很强烈，工作环境和职工素质跟我在昆明工作的单位相比有一定的差距。所以我经常组织一些培训活动，尽可能把单位的活动开展得有声有色。但是工作上的瓶颈导致很多事情开展得不顺利，于是想既然来到海南，就要为海南做点什么才行。看到海南发展很快，干脆就用相机的镜头记录海南发展变迁，从此开始了我艰难的摄影旅程。

1996 年，孩子的爸为我买了第一部属于自己的尼康 F4 相机。刚开始我对摄影完全没有概念，只是简单拍过孩子的成长历程。1997 年通过朋友认识了赵铁林老师，在他的影响下从记录城市的底层生活开始，渐渐走上创作之路。当时只想简单记录海南社会状态，以及全国各地闯海人的生存环境。去南渡江边的麻余村拍片就是赵老师带我们去的，后来他回了北京，我就独立地继续拍摄自己选定的题材。走向黎族苗族摄影也跟赵老师有关。当时暨南大学要做一套 12 册的《中国民俗之旅》丛书，其中有大量海南少数民族的内容。《大众摄影》一个编辑想请赵老师拍，那会儿他的创作主题已经转移，家又在北京，无法去完成这件事，就问我愿不愿意做，我想了想答应了下来。按图索骥一番后发现好多东西已经找不到了，尤其是黎族、苗族，在海口市内根本就找不到，只能下乡去找。那是 1998 年，我第一次走进黎村苗寨。

首次拍摄要说起来其实很偶然。1997 年我坐摇橹船到南渡江对岸拍纪实的时候，偶然结识了一位一百多岁的甘姓老人。老人家徒四壁，非常贫穷，我每隔一段时间去看望一下，有时带点食品，有时带一点钱。那时候工资不高，没法帮太多。他过 105 岁的生日活动时，我认识了甘氏家族的另一个人，家住和平桥附近，楼上出租给了外地来的母女俩。我跟年轻母亲无意中一聊，才知道她是从大山里走出来的黎族人。当时我特别高兴，因为我正好要拍这本书里的黎族，就相约 1998 年 5 月的时候去她老家昌江县王下乡牙崂村。后来去的时候，是坐中巴车从海口到昌江再到王下，全是崎岖山路，村子在山坳里，四边都是大山。在那儿住了一晚，因为当时治安不是太好，夜里有些害怕。她家条件又很差，我睡在她的茅草房隆闺里。因为是第一次去到黎族村庄，兴奋之余把村子全拍了一遍。当时有个妇女正好孩子满月，就有了后来书里孩子穿新衣的仪式。其他如茅草屋、背的腰篓、服饰等黎族生产生活用具都是第一次接触，全拍了下来。后来搞展览时很多人觉得我胆子大，竟敢跑去那么偏僻的黎族村庄。现在想，没有这第一步也不会有后来的一切。

这些东西随时可能消失

专题拍摄一旦开始就很难停下来。之后通过海南省交通厅的朋友帮助我又去了东方江边白查村。那里也相当偏僻和落后，但对于摄影师来说却是难得一见的保持了原生态民族文化的村庄。拍摄期间感觉黎族的变化很大，传统文化已经开始断层，很多传统元素、工具、文化正在消失，所以有一种紧迫感，以致每个周末、逢年过节我都跑去拍摄，一拍就是 10 多年。印象深刻的事情特别多，比如有一次找来找去，死活找不到黎族用于平原地区的交通工具牛拉木轮车，直到有一天偶然在乐东一户人家惊喜地看到。那一刻特别高兴，真是踏遍铁鞋无觅处，得来全不费功夫。

吸引我的还有黎族织锦，图案非常漂亮精致，但在那时只有很少人会做。因为年轻姑娘不怎么学，都出去打工了。她们觉得这些民族的东西没什么市场价值，因而也没人推销和宣传，导致这项手艺渐渐没落。老人们随着年龄增长视力开始衰退，手脚变得不太利索，眼看就要出现人才断层。我深深感觉时不我待，要抓紧时间把所有的织锦花纹、图案赶紧都拍下来，甚至只要有人从面前走过去，看见她穿的裙子纹样没拍过，我都会追过去拍，千方百计记录下来。我关注的还有织锦工具。我觉得后人如果有人想做研究或是想拯救它们的话，这些资料可能会有参考价值。黎族有语言没文字，织锦是他们的文化符号。这些传统织锦图案随时都可能消失，不记录下来真是太可惜了。另外，吸引我的还有黎族的文身。每次去黎村看到老阿婆脸上和腿上的文样，我都会情不自禁会用手去触摸，特别敬畏。这种肌肤上的符号有多深的文化价值外人并不清楚，我感觉应该是和织锦一样，都是黎族重要的文化符号，它们有共同的表达和内涵。

算下来我拍摄黎族苗族传统文化的历程也有 20 年了，在这个过程中、在我的镜头下，它们的变化特别大。我不知这是好事还是坏事。正因为变化大才导致我马不停蹄地使劲拍、使劲记录，坚持了 20 年。

2011 年，黎族最后的船形屋部落俄查村整村搬迁，感觉这是黎族社会变迁的一个重要节点，很多东西将一去不复返。最近几年政府加大力度帮助少数民族发展，建设文明村，加大对黎族文化的宣传、保护，重视黎族文化的发展建设，这绝对是好事。但从另一方面来说，人们基本看不到承载黎族古老文化的船形屋了，全都变成了水泥砖房。很多黎族年轻人也不太重视自己本民族的文化，不愿意穿戴本民族统服饰。她们嫌难看。可是我不明白，那些在我看来非常漂亮的图案、精致的织锦、极其有特色的服饰怎么会丑呢？黎族文身随着时间的推移一定会绝迹。它本是一个氏族的图腾和标志，现在到黎族村庄已经很难看到了。文化学者吴泽霖曾说：“黎族文身是海南的敦煌壁画。”把它提到一个很高的维度来认识，所以它们具备相当的研究价值。比如黎族婚礼，尽管整个过程还在按照祖先的习俗规矩，拜祖先的时候会穿自己的民族服饰，但最多十几分钟，完了后立刻换回现代婚礼服饰。这说明他们对自己的文化已经没那么重视了。一个民族的象征就体现在它的服饰、语言和文化上，这些都没有了还讲什么自信呢？再比如原来的黎族音乐相当原生态，相当震撼人心。吹鼻箫完全是为吸引和打动姑娘，韵味迷人，从心灵上震撼人的东西和表面上的唯美是完全不一样的。现在的音乐已经有了创新，多了现代音乐的元素，少了原生态的愉悦气和韵味。

从这些亲身经历中，我感受到了传统的黎族文化正在慢慢消失，而我眼睁睁看着这些变化却无能为力，真的希望有更多的人来抢救和保护黎族文化，使黎族传统文化源远流长。具有 3 000 多年历史的黎族文化，如果就这样消失实在太可惜了。

用镜头抢救非遗

把黎族图片拿去芬兰北欧艺术节展出，是我对外宣传黎族文化迈出的第一步。第二次我又把海口发展变迁的图片拿到法国巴黎展出，并把东方江边俄查村黎族妇女织锦作品作为礼物送给了法国科西嘉市的市长。最有意义的事情还有，2013 年在澳大利亚各大图书馆巡展我的黎族风情和海南风情图片；2015 年博鳌亚洲论坛期间，奥地利总统海因茨 · 菲舍尔携夫人一行 48 人，专程来到最具海南文化风情代表性的槟榔谷黎苗文化旅游区参观访问。在黎族文化百年长廊，菲舍尔及夫人仰首凝望一张张图片，通过陪同人员详细了解海南黎族文化的历史变迁，不时颔首称赞。槟榔谷景区将我出版的《海南黎村苗寨》书籍赠送给了奥地利总统，他说一定要好好收藏这本书。

用纪实摄影的方式记录少数民族的生活，在某种意义上来说可以起到抢救非遗的作用。自 1999 年起，《海口晚报》《海南日报》《今日海南》《中国民族报》和《中国国家地理》等报刊都刊登过我的作品。海南昌江黎族露天制陶工艺就是用我的图片申报的国家级非物质文化遗产。只要是宣传黎族苗族文化，宣传海南岛文化，我都会积极参与大力支持，从不计得失，也不计较名利。

做摄影难，做女摄影师更难。首先是体力，吃不得苦做不了这一行，长期跋山涉水，拍摄回来后还要进行后期的资料整理。我做的都是专题摄影，还需要写大量的文字。常常是从早上6点开始，直到深夜，一天十几个小时坐在电脑前工作。因长期伏案工作导致腰椎、颈椎、膝盖全都出现问题，严重的病症使我痛苦不堪，几乎一年需几次住院治疗。最困难的是出版书籍，需要拍摄收集大量的资料，写出的书稿要反反复复地进行修改校对。因为出版书籍是传世之作，不能有半点马虎，所以每出版一本书籍，我基本上就要掉一层皮。所以女人做摄影需要的意志力、坚毅度、信念都是非凡的，特别是做少数民族文化。有的时候我也在想，苦成这个样子到底是为什么？想归想，事情还是要做。我觉得一个人做什么都要坚持到底，要做就做到最好，不要虎头蛇尾。我所做的就是把黎族苗族文化完整地展现给世人，让更多人了解它们，了解海南。

几年前，海南团省委做了一个21集的纪录片，有关海南黎族风情的内容。这个纪录片里面采用了我的黎族照片100多幅，整个纪录片全部是由我来讲解。我的梦想是继续挖掘，能够拍摄海南黎族苗族文化的纪录片系列。还有就是特别希望与专业人士合作，能够把《新海岛民族志》编写出来，并做成一本精致的、可读性强的海南文化精品读本，说到底我只是一个记录者，因为黎苗文化有深厚的文化底蕴，有几千年的民族文化内涵，我觉得不仅是要拍摄图片，还应该把海南的民族文化做成系列的纪录片留传给后人。

对这座城市有深深的感情

我工作生活都在海口，对这座城市有深深的感情，几十年里也见证了她的发展变化。

我能够执着地把喜欢的事情做下去，全赖海南的基层老百姓和各界朋友的大力支持。这里的百姓相当淳朴善良热情，不计回报，没有他们的支持我走不到今天。同时，我也一直在帮助这些弱势群体，并且得到了各界支持。王下那个村子，我最早去他们家住的那户人家，我一直在帮助他们家，社会媒体也都在帮助他们，甚至连他们的家庭矛盾都是我去调解。

我不属于闯海人，但在来海南的人当中，我也算是有自己追求的女性。当然这一切也有赖于海口这座城市积极进取的精神，她给我一种无形的鞭策。如果一座城市本身没有奋发向上的精神，我可能也不会做这些。海口在一日千里地发展，我也应该有所发展，跟这个城市一同成长。去年海南省博物馆第二期工程完工后，收藏我的数百幅作品用于展馆内容展示。这些能在海南省的最高文化殿堂——省博物馆展示出来，永久呈现，这让我感到非常骄傲。

回顾这 20 年，持之以恒地拍摄记录海南民族文化史料，虽然走过的路程非常艰辛，但是我觉得很有价值，我还会继续努力坚持下去，拍摄海南民族文化系列。一个人的生命是短暂的，能够为人类、为社会做一点有意义的事情，我算是没有白来世上一场。甚至连我博士毕业的女儿都说我是她的榜样，说正是继承了我的意志力，她才能够取得这样的成绩。女儿说她爸给了她科学思想的启发，教她怎样从事科学研究，而我则用自己的身体力行教会她在生活和工作中如何走过艰辛的道路。她说没有我遗传给她的这些意志，很多事情她根本坚持不下来。人生就是如此，伴随成功的往往是寂寞，快乐不是拥有得多，而是计较得少。

胡亚玲作品

摄影：孙程伟

从海南一流的百货商场到世界一流的肿瘤医院

蒋会成 / 第一投资集团董事局主席

海口珍物

红豆

上岛初期，条件艰苦，加上自己那时候身体不好，老生病，对老家的亲人、老师、同学有非常深的思念。在事业起步最艰难的时候，也有过打退堂鼓回家的念头。在这个过程中，有一次去三亚在天涯海角看到红豆，马上想到了唐代诗人王维写的那首红豆诗，“红豆生南国，春来发几枝。愿君多采撷，此物最相思”，然后我当时就立刻买下红豆，用信件的方式，寄回给家里的亲人和朋友，表达自己的相思。这个是当时记忆最深的。

扫描二维码，
观看《岛屿人生 · 十问蒋会成》

蒋会成自述

今年是我来海口的第 30 年。

我是 1987 年底上岛的，上岛当时也是抱着来找工作的目的。我是在合肥经济管理学校念的书，毕业后分配到安徽中行。当时几十块钱工资，我记得很清楚，所以到海口的第一个目标是——月工资 200 块钱。我是从广州出发，坐船上的岛，记得好像是“芍药号”。上岛以后很激动、很兴奋，当时也年轻，19 岁，还有点书生意气，对未来充满着期待和憧憬。一待到现在就 30 年了，已经是真正意义上的海口人了。

“既然已经 30 年了，希望开启第二个 30 年”

我最早的公司叫作“第一广告”。取这个名字是因为当时民营企业在社会上的认可度不像现在这么高，另外很多国有企业都叫“第一”，我们也想给人第一印象像个国企的感觉。当然这个“第一”也蕴含了想在海南岛做番事业，或者在某个领域能做到第一的这种愿望……总之种种寓意都寄托在这个名字当中，也就是说自己给自己打气，我要做第一，算是一种美好的期许吧。

我记得刚来的时候，海口连一个现代化的大型商场都没有。我们当时有一个合作伙伴在海口市最核心的位置有地，就特别希望学香港做一个最好的商场，也确实做到了。我记得 1992 年做“第一百货商场”这个项目的时候我才 24 岁，到 1994 年开业的时候是 26 岁。这个商场从 1994 年开业到现在 23 年，还是海南生意最好的百货公司，也是在各方面都不落后的一个百货公司。有时候我想，回望 23 年前做的这个决定，做了这个商场，能够让海口当地老百姓体会到这种更舒适的消费环境、更美好的购物体验，我也觉得是件很开心的事。

兜兜转转这 30 年，一路上我做过很多行业，广告、装修、地产、百货、证券，包括出租车经营等，好像很多业态都做过。在这些业态发展过程中，我们曾经做过海口最好的小区、海南最大的百货公司。我们参与了博鳌最早的第一期的开发建设。2002 年 8 月，第一投资招商股份有限公司在上交所挂牌上市。这是亚洲金融危机后海南的第一家上市公司。再到后来，也就是在 10 年前，我们开始转型做大健康产业，也依托医疗做养老产业，所以现在第一投资集团主要聚焦在这个产业来发展。也正好在这个时期，我们赶上了国家特别鼓励社会资本办医、鼓励社会资本搞养老，加上海南省也把医疗作为 12 大重点产业之一发展，所以当时我们转型比较早，方向也是对的。在这里生活的人都知道，海南看病的条件、水平，这几十年的发展比较慢，所以我想给海南人民创造更好的医疗条件。如果将来还有机会、还有能力，希望再为海南留一所好的学校。除了商业之外，我认为造福海南、回报海南的两个最好的行业是教育和医疗，希望都能在未来实现。我想这是几十年来我们这一代闯海人的回馈海南的一个情怀。

现在我们投资二十几亿元的海南省肿瘤医院，是一家有 1 200 张床位的肿瘤专科医院，填补了海南没有专科肿瘤医院的空白，现在营业刚刚满 2 年。我们还在乐城的国家医疗先行示范区，建设了成美国际医学中心。根据省政府的部署，下一步要把它建成一个超级医院。所谓超级医院就是让全国，乃至全球最顶尖的专科专家来这里执业，把这里打造成一个平台型医院，预计明年要正式开业。

为什么来了海南就待下来没想过要走？用现在的话讲，可能就是一直不忘初心吧，也是对这里的人、事、物感情都很深，所以一直有很多的机会，最后也都没有去外地发展。现在既然已经待了 30 年了，和这片土地已经有了深深的联结，我想也不会再做别的选择，希望从这里开启我的第二个 30 年。

用音乐支教的形式做公益

关于音乐支教的活动，当时因为邢增仪（编者注：本书亦有采访，见相关章节）创办爱乐女子合唱团十几年，我是被她的坚守和执着感动，就提出来支持她更好、更快地发展，能够帮助她让爱乐女子合唱团的几百个团员发挥出更大的价值。一碰撞以后，正好邢大姐也很热心公益，我们经过寻找和调研，同时跟教育局相关部门商量，结合爱乐乐团的特长，给小学，尤其是一些贫困地区的学校，用音乐支教的形式来做公益，让合唱团的团员们下到各个贫困地区的学校进行音乐教学和辅导，成立音乐团体，教孩子们唱歌。

在项目执行过程中，孩子们对音乐的喜爱，完全超过了我们最初的想象，同时也发生了很多出乎意料和令人感动的事情、起到了很好的效果，我们自己也非常意外。所以我们都从不同的角度感受到：通过这个公益事业，不仅是对海南女子爱乐乐团的发展起到促进作用，同时也通过这种文化形式对回报社会增加了更多的正面的意义。

除了海南女子爱乐乐团，我们现在也跟一些别的乐团进行合作，希望把这个项目开展得更好，让孩子们幼小的心灵接受音乐的熏陶，能够在未来的生活中，给他们的心灵注入一些文化和艺术的基因。我觉得这对于孩子一生的成长来说都是有着非同寻常的积极意义的。

除了海南，我们在其他省也开展了乡村音乐教育的项目。同时我们在 7 年前成立的成美慈善基金会，就专注在做慈善公益事业，除了音乐支教，我们还有大学新生圆梦行动、成美肿瘤救助基金、成美巾帼励志基金、中国青年创想计划等项目。

对每个闯海人来说，
闯海都是人生中浓墨重彩的一笔

闯海的那段经历，那些曲折、磨难、成功或者失意，能够让一个人内心世界更加的丰富和完美。当年“十万人才下海南”，那些闯海人都是对当时内地的机制、体制有不满足或不满意的地方，希望在海南这个全新的、改革的前沿来实现自己人生的理想和价值。但是这些年，人才来海南之后，就如同大浪淘沙。有些人留下来了，有些人干成了事业，有些人可能默默无闻，还有些人甚至离开了海南岛。现在回首想来，海南建省初期的一段时间里，或许是当时的客观条件、或许是人才创业的氛围，确实还不是一个最佳状态，

所以很多人把这里当作一个伤心地。但无论如何，我想所有闯海人对自己在海南岛这段经历都是刻骨铭心的。闯海，对每一个闯海人来说，都是人生中浓墨重彩的一笔。

闯海文化的精髓我觉得就是敢想、敢闯、敢干，大概这是当时海南岛最初期的一个突出表现。而当时不光是企业，包括文化界、新闻界也都是百花齐放，也有很多很开放、很前沿的杂志、报纸。

这 30 年的经历，我总体是满意的，但是每一个人回头看自己的人生路，肯定会有种种不足。有一些在选择关键点上，选择得并不是那么正确，可能会有一些遗憾。但是就算是有些许遗憾，我也不后悔。

海口 30 年，变与不变

从环境来看，海南的空气、阳光、水质等，都是全国最好的。这也是目前来说人们所最想追求的目标。人文方面，这几十年下来，我觉得这里的人可能有两个比较重要的特点。第一个就是朴实，海口人，或者说就是整个海南岛的人身上的朴实的气质。我不知道这个朴实是不是与生俱来的一种岛屿文化的表现，总之跟他们打交道比较舒服，比较轻松愉快。第二个是闲适。海口人是很悠闲、很休闲的。到现在我们记忆最深刻的就是喝茶。早上起来喝早茶喝到中午，到了下午还有下午茶，晚上还有夜茶和宵夜。我觉得这种悠闲可能与她的自然条件有关，另外说明在亚热带工作和生活，压力没有那么大。最近的某些城市评比当中，海口不仅被评为空气最优的城市，也被评为幸福感最强的城市之一。

30 年来，我觉得海口最大的变化是城市面貌。无论从地域面积也好、从建筑风格也好、从基础设施也好，可以用翻天覆地来形容。但是一直不变的就是海口人的纯朴、悠闲、幸福感和自我满足感。讲到人和人之间的关系，过去肯定是相对比较简单和单纯一点。现在的经济结构、业态，还有老百姓对美好生活的向往、诉求，都比过去层次高了很多，可能需求也就更丰富了，所以这个变化也是明显能感觉到。当然这个城市变大了，人口变多了，也带来了大城市病，也给我们带来了一些苦恼。但我们还是相信，未来政府对城市的管理和治理能够再上一个台阶，让老百姓能体验到城市变化带来的更多幸福感。总的来说，海口这座城市，给我的感觉是工作上氛围是蛮悠闲的，生活上也比较舒适，不像北上广深这些大城市生活节奏快，竞争感激烈。如果说有一点遗憾的话，就是服务业的发达程度和水平还有很大的提升空间。

我已经与海南共同成长了 30 年，希望在第二个 30 年到来之际，能够早日看到海南成为真正的国际旅游岛，成为海南百姓的幸福家园，全国人民的四季花园，中外游客的度假天堂。希望这一天早日到来。

摄影：孙程伟

“中国城”是我用另一种方式为城市写的诗

李康 / 中国城集团董事长

海口珍物

中国城的设计彩图

中国城的设计彩图应该最能代表那段历史。刚开始建设中国城时没有多想，最早叫伟图文化城，设计找的是一位香港设计师，给我们圈了一个共享空间。那时中国根本没有共享空间这个概念，草图勾勒好之后，我们其实搞不清楚这个共享空间的具体功用，他说可以去香港看看。于是大家先去了香港置地广场。当时年轻，就说这个好，我们的只要比它大就行。晚上去了香港中国城，觉得这个名字比原先的伟图文化城好，回来就改名叫中国城了。一切都非常简单。

扫描二维码，
观看《岛屿人生 · 十问李康》

李康自述

我是 1964 年生人，老家四川成都，1988 年上的岛。上岛之前在广州一家国营房地产公司工作，1988 年先来海口待了一个多月，跟《海南开发报》的朋友聊天了解情况后，离开了一段时间。1989 年正式下海来了海南，当时把户口也转了过来，此后再也没有离开过，一待将近 30 年。

“全中国的娱乐业都来学习、复制”

来海南一开始只是单纯想追逐自己的理想，按自己喜欢的方式生活，觉得这里有实现梦想的空间。因为我原来待的广州单位是房地产公司，所以我就想在海口做一个大的商业中心。起初完全是感性思维，到了快实现的时候渐渐变成了理性思维，就想，这个地方的商业气氛应该符合城市整体文化氛围才合适，加上当时完全有这样的市场需求，所以按照文化娱乐中心的思路申报了“中国城”这个项目。当时的出发点有几个：第一，这座城市外地人较多，需要一个社交场所，所以我想把中国城建成中国最棒的最有特点的文化产品，无论在规模上、档次上还是在整个娱乐体系上，都跟内地之前的文化娱乐场所有所不同。第二是希望它在最大程度上尊重人性，跟其他城市的那些低端酒店的俱乐部、娱乐场所区分开来，能够成为一件新事物。至于生意原则遵循两点，一是不触犯法律，二是不伤害到别人。我当时提到要尊重个人自由，而“尊重人性”是所有原则里最根本的。当时中国的大环境和氛围里最缺乏的就是这个。

一开始很多事情并不顺利。例如“夜总会”这几个字不能注册，我只好跟政府部门解释，从公安部门到文体厅各种协商，最后终于建成了，成为当时东亚地区最大的一家夜总会。整个中国城面积 4 万多平米，5 层楼，服务人员两三千人，最高一天接待客人 6 000 人，上缴税费排名全区第一。当时的中国城实行真正的企业化管理，一切规则都会以文字化、制度化、标准化、流程化的方式呈现。每周出一期内部报纸，有自己的专属企业文化，管理标准当时在全国是首屈一指的。毫不夸张地说，全中国的娱乐业都来我们这里学习、复制。可以这么说吧，娱乐场所行业的企业化管理，是中国城对中国娱乐业的最大贡献。其次，中国城在当时可以说是推动了人性自由和解放，让很多城市的管理者和市民明白，男女之间唱歌跳舞并不违法。再有就是为商人和企业家们提供了一个商业场所，供人们在里面交流洽谈业务，对城市发展是一个推动。

在我看来，中国城是我的一件产品。当然它并不仅仅是一件文化产品，我希望这件产品是有情怀和诗意在里面的。它是我用另一种方式为城市写的诗，就像年轻人喜欢诗歌一样，是对生活的歌颂，是对人性的释放。因为心里有这样一份诗意的情结在里面，就一心想把它做到最好。所以中国城从一开始就对服务水准施行了严格要求，对员工进行全方位训练：着装、形体、礼仪、茶艺、调酒、音乐、美术绘画等等。由此还培养了不少音乐人。当然辉煌只有几年，后来中国城开始没落，大约从1997年开始就已经风光不再了。这跟海南经济总体滑坡有很大关系。中国城第一次关门是2003年“非典”时期，后来短暂开门又遇到其他问题，干脆彻底关门。此后关门将近10年，这期间我没做任何其他事情，只是修身养性。中间沃尔玛曾来找我，要租赁这块地方做超市，我想：如果租给了沃尔玛，这个原本在地图上叫作“中国城”的地标便不复存在，被换作“沃尔玛”，想想就觉得太不值得，所以当时就没答应。我一心只想着日后东山再起，重启“中国城”。

关门的这段时间，我组织人马做过一段时间的娱乐市场调研，发现2005、2006年后全中国娱乐行业都在滑坡，并非单单海南。如此，中国城作为第一代娱乐企业肩负的使命已经完成，谢幕已是必然。我认为，第一代中国城的最大贡献就是“把娱乐业按照企业化管理”的概念推向了全国，此后娱乐业最大的变化是来自于互联网的出现，一个新时代渐渐开启。

娱乐业最终的逻辑一定是围绕两个字：快乐

新的互联网时代里，网游、视频、直播、约会等众多软件和网络的娱乐形式严重冲击了传统娱乐行业，人们不需再像以前那样出门找乐，一切在家里就能完成。调研表明，70 后、80 后、90 后这些人出门只爱泡酒吧，不怎么认同其他娱乐场所，混夜总会的也就剩下 50 后和 60 后这拨人了。我们用了几年寻找新的娱乐道路，后来终于找到第三代娱乐产品：它由 Shopping Mall 演变而来，我们叫它“Happy Mall”，算是一个娱乐综合体，或者叫“城市文化娱乐综合体”。它的商业逻辑是这样的：第一，不搞租赁制，实行保底分成；第二是股份制，每个营业部门的负责人变成 Happy Mall 小股东，作为投资人入驻。在管理这块我们有专业团队，统一规划统一管理，商业体系细致完整。我现在正在积极准备做的就是这个全新的娱乐城，也就是说，一个全新的中国城即将“复活”。目前新中国城已经规划完毕，临近实施阶段，只是还没最后确定是我自己投还是跟别人合作。我希望大家一起合作，因为增加的股东越多日后管理越方便，这是我在 20 年职业生涯中总结出的经验，也是目前新的合伙人合作模式。作为老板你要监督所有环节非常难，最该做的是成为一个牵头者，调动各投资人的积极性；而作为一个投资人，他肯定会全力以赴做事，几十个脑袋运作一定好过一个脑袋。全中国到目前为止还没有看到有这种 Happy Mall 的模式，我是首创者，拥有知识产权。

关于新中国城最重要的业态部分，我们将统一规划、统一运营，最终逻辑一定是围绕两个字：“快乐”，所有的业态都必须往这个方向走。综合体规划了 7 个演艺场，有人觉得多了。实际情况是海口现在 1 个演艺场都没有。没有并不证明市场不需要。对比来看，别的城市不光有演艺场，动辄还是上千人的场地，比如三亚的宋城。我们分析过，中国目前存活的演艺场可以分为两类，第一大类是旅游演艺场，高大上那种，通过游客票价回扣赚钱，每天几千人规模；第二大类类似于成都那种小酒馆，丰富多彩但满足小众。从人流量来看决定了市场上没有第三类规模的娱乐场所，因为大型演艺场只跟旅行社挂钩，小型的只有那些原创酒吧或文化酒吧，靠独特性取胜。我认为，一个策划人要知道“市”在哪儿。它一般隐藏在城市内部需要挖掘和发现。作为娱乐业专业人士，多年经验告诉我，现在有“演艺场”这个市场需求，里面自有其商业逻辑，关键点在于不同年龄层的消费者希望看到不同的演艺场类型。这也是我们建造 7 个不同风格演艺 Mall 的原因。我们的设计规划里，为不同年龄层分别设计了儿童剧场、慢摇吧、红艺人秀场、欧陆风情秀场、海盗酒吧、1990 年代、搏击秀场等各种风格场地，基本可以满足不同层面的所有人的需求。

至于打通线上和线下的方式，将由中国城专用手机 APP 应用来实现。一旦进入中国城，所有的消费都将通过这个手机 APP 来完成。这个 APP 将会涵盖非常多的内容，从中国城的电影票到打折券、抽奖券、餐券、秀场直播……线上内容丰富多彩，足够吸睛。总之，我们的目标就是打造中国最大的娱乐现场 APP，一个线上城市客厅，配合线下实际场所，线上线下完美结合，完全满足自娱自乐和招待朋友客户的各种需求。

对海口这座城市又爱又恨

我从上岛到现在，在这个城市一待几十年，基本上只专注做了一件事。事实上一个人一生只做一件事很难，但却很美，哪怕输了，也是一种美好的情怀。我的人生经验就是：喜欢什么就去抓住什么，抓住了就不要放掉它，然后一直坚持下去，如此才不会遗憾。喜欢干一件事尽管去干，成功和失败不重要。其实，既然喜欢又何谈失败？比如我，一辈子就喜欢做娱乐业，一直没有离弃，一直都在做。只要做自己喜欢的事情，无论成败，从某种意义上来说这也是一种成功。

对海口这座城市我是又爱又恨。很多时候嫌她发展太慢，跟很多城市比相差太远。最早她是特区，观念意识超前，10 万人才下海南，叫涨潮期。后来发现她单薄的底子无法支撑很多东西，就到了退潮期。潮水退去后，只剩下裸泳者在苦撑。我认为，如果没有人文沉淀、没有人才积累，这对一座城市的发展来说是致命的。解决办法第一就是大规模引进人才，第二是改造和提升本土文化。新加坡就是一个例子。在这个城市发展的过程中通过强制手段改造落后的本土文化、提高居民素质，引入先进的城市管理手段，最终使得新加坡走上了现代化之路，并成为了亚洲四小龙之一。

当初我上岛，一是喜欢她是个充满梦想的地方，二是喜欢她独一无二的自然环境。“椰风海韵”，想想就多美啊！虽然多年过去了，还是喜欢这里，不想离开。这是梦开始的地方，对这儿的感情就不一样。我曾经也是一个浪漫主义诗人，年轻时也写了不少诗，只是到了后来，我把写诗的情怀用来做企业了，把这种情怀放到了一件具体的事情里去。所以，其实中国城是我情怀的一个延续，恰好遇到了合适的土壤和机会，也就顺其自然地诞生了，也就顺便催化了这座城市，为这里增添了很多新的东西、新的血液。

摄影：孙程伟

一盒磁带闯海口

练坚 / 歌手、闯海人，海南本地特色餐饮品牌创始人

海口珍物

一盒《大约在冬季》磁带

当初我能来到海南岛，靠的是一盒磁带。没有它我来不了这儿。也是靠着它，让我有了一个美好的开始，或者说一个比较好的起点，在这里挣到了第一桶金，并因而留了下来。所以那盒磁带是一块敲门砖，是我的珍物。

那盒磁带是翻唱当时最流行歌星所唱经典曲目的合辑，专辑的名字叫作——《大约在冬季》。

扫描二维码，
观看《岛屿人生 · 十问练坚》

练坚自述

我出生于1962年，江南大学毕业，学的是自动化专业，是标准的理科生。我上岛时间是1988年12月31号，记这么清楚，是因为我那会儿是一名歌手，第二天，也就是1989年元旦在海口戏院有一个演出。那会儿正跟着一个辽宁的摇滚乐团走穴，从江苏一路演出辗转到海口。原计划海口演出完了去深圳，结果整团边防证没办下来，于是乐团在海口就地解散。团里很多人回了内地，而我没走。因为演出之余转了一下，发现海口有很多歌厅，我想也许就在海口会有发展的机会。一番打听后真给我找到了，于是阴差阳错留了下来。

“原计划只待 3 个月，结果一待就是 30 年”

上岛前我翻唱过齐秦的歌，出过磁带，算是一名磁带歌星，还参演过全国百名歌星演唱会，闯海南我有底气。刚开始找歌厅时，我只希望去一个有好乐队的地方，当时打听到望海楼不错，是太平洋（编者注：太平洋影音公司）的乐队，全岛最棒的，音响也非常好，音乐总监是沈发扬。跑去一看很满意，面试时唱了一首齐秦的《外面的世界》和一首《黄昏放牛》，然后就被录取了。那年我 26 岁，原计划在海口只待 3 个月，结果一待就是 30 年。

决定留下来有几个原因：一是工资高，差不多演出一天 80 块；二是觉得乐队好。南方音乐圈那会儿颇具声誉，广东的太平洋影音公司当时又是最厉害的，代表了顶尖水平。所以我很想跟它的乐队合作，试试看有没可能在音乐上更进一步。这样来看，留下来虽说是偶然，但也是必然。

那会儿的海口歌舞厅盛行，娱乐圈划分为几类：一线歌厅有东湖、望海楼、狮子楼等，是最顶级的；二线有海口宾馆、华侨大厦等；其他像颠马歌舞厅、泰华宾馆歌舞厅等大大小小的歌厅也很多；最后就是流浪艺人，大街是很多流浪歌手的舞台和地盘。就歌手而言，你不可能永远在一线歌厅唱，因为他们时常需要换一些新面孔，我有时也会去允许跑场（编者注：一晚可唱多个场地）的二线甚至是三线歌厅唱，经常换来换去，最多的时候一晚上跑 6 个场子。反之亦然，很多歌手在马路边刚唱完就跑去其他歌舞厅唱。大家身份平等，互相转换，没谁攀比。有时还会互相顶场子，谁病了或是有事，一个电话，哥们儿二话不说就顶上，没啥抱怨的。那时候，音乐人圈子真的都很团结，从唱功到乐队，大家都互相支持互相学习。晚上结束演出后，一帮人不约而同跑去东湖吃宵夜，友谊就这样一点点结下。我觉得那是这座城市最斑斓的一个时代，中国最好的歌手来了，最好的经商者来了，最美的姑娘也都到齐了。

1989 年 1 月 1 号海口大戏院那次演出后，我算是直接深入进了海南社会，从打地铺开始，彻底变成南漂或者叫闯海人。这是一个新城市，一个小城市，小到连红绿灯都没有，去趟西海岸像去趟国外似的。1988 年因为建省办大特区，10 万内地人才呼啦啦过来，一起创造出一个崭新空间或是一种新的模式。当时那叫“小政府大社会”，宽松又包容。很多人包括我开始并不太适应那种无序感，但觉得无序里又掺杂着自由，让人兴奋。她有那么多让人大开眼界的新东西。比如说歌舞厅居然可以装修成这个样子，大街上居然可以摆个地摊就这么叫卖，马路边居然弹个琴都有人给钱……有很多很多“居然”的东西，很多当时在内地觉得比较怪或者看不到的事情，在这里全都有。所以我下了一个决心：一定只做在内地不能做的事情，不能浪费时间，好好地体会在海口的每一丁点生活，因为你要对自己负责。既然来了，就不能靠政府给你，你得发挥自己的创造性，创造自己的未来。正是这种想法让我在这儿慢慢有了自己的一片天空，有了一席之地。

就这样不知不觉的，我把青春都给了这座城市。

“从歌手到开服装店再到餐厅老板，早已变成一条热带鱼”

我的第一桶金是唱歌挣来的，然后从歌手身份逐渐转变为服装店老板。

1994 年、1995 年的时候海南出现房地产低潮，很多兄弟朋友选择了离开。我属于大浪淘沙后残留下的那部分，没法走，因为我在海南开有服装店。虽然也受到一些冲击，好在做的都是大众生意，算是挺了过来。之后开始进入餐饮服务行业，最后成立自己的管理公司。现在我的生活都扎在餐饮世界里，一路下来做了很多品牌店，从吃到穿到玩。我常常跟朋友说，如果你在海口稍微待过几个月，那么对不起，我一定赚过你的钱，从永和豆浆到佐丹奴、堡狮龙、U2、G2000、欢腾、彪马、快可立珍珠奶茶、葡京蛋挞、仙迹林、避风阁、三十三间堂川湘菜、光头香辣蟹、阿伦故事、基本点KTV、芭蕉亚洲泰国菜、领市馆、原味主张椰子鸡……这些和你生活息息相关的品牌都是我正在经营或曾经经营过的，所以我说我一定赚过你的钱。

最近，我又推出了一个“天赐良鸡”海南鸡饭。我想把最正宗的海南自己的品牌推到岛外去，不是新加坡也不是马来西亚的，只用最好的海南文昌鸡做食材，绝对正宗。

其实中间也有很多次机会离开海南，把公司移去上海、深圳或者北京这些地方，最后还是死皮赖脸地回来了，因为好像多年下来早已变成一条热带鱼，太依赖这个温暖的地方，没法去其他地方了。我也知道从纯生意角度来看，其他地方从讯息到资源、到市场都有很多的优势。但我是一个把工作和生活搅和在一起的人，一定要在工作中找到乐趣，没法把生活区分开，更无法忍受纯粹苦行僧似的工作。唯独只有在海口这座城市我才能放松下来，在工作之余体会到生活的乐趣。我开的店里都有好的专属音乐播放，并尽可能加入一些歌手的现场演出，既是对环境的烘托，也是我对美好生活的折射。每次在其他城市里感受到的全是压力，没法舒展，只想逃掉。海口是不一样的，压力大时我就会去一趟西海岸，随便哪个空旷地方都能很快把压力情绪释放掉，或是跟朋友一起喝个老爸茶，再或者晚上去哪里随便散散步，很快就可以缓过来。

正是这个可以让心灵稍微停顿的地方让你明白，人生的终极生活目标不是那种喝茶都要看表的生活，而是一种悠闲的慢生活，要细细品味。这么多年过去，这座城市里，街巷还是那些街巷，人文还是那种人文，像是一个很难改变的守旧之城。这是其他城市已经消失的一种宝贵气质，是一种幸福的慢，有归宿的终极的慢，美好宁静的慢。

这座城市包容性很强。海南人简单淳朴，跟你沟通起来没有那些复杂的弯弯绕绕，简单直接。我微信名叫原味主张，就是因为这个原因，简简单单原汁原味。总之，这座城市就是：人好，地方好。之前那些什么经济发展慢、GDP 落后等所谓的缺点，现在看来反而变成了她的优点。干净、原始、环保，跟内地很多乌烟瘴气的地方比，她是一片净土，真正的净土。

所以，当你爱这个城市，你就会把自己最美好的东西放在这儿，否则只会浅尝辄止。我自己绝对就是掏心掏肺地做事，比如开“领市馆”的时候，大家都说装得那么漂亮，这铺面是买的吧？我说是租的。那租的还投那么多钱？我说这座城市就该有这么一个好的地方。从生意的角度来说，投资回报没那么好，似乎不值，但我觉得要奉献就该放开去奉献，别想那么多。她值得你这么做，在这点上我始终无怨无悔。

海口，其实就已经是自己的家了，回这里就是回家的感觉。出门在外遇到任何事，回到这里，家自然会疗愈你。每次不管从深圳还是上海过来，飞机落地舱门一开，扑面而来满含负离子的风吹在脸上，熟悉的感觉会让你立刻明白，你到家了。

“一次聚会，来了 300 号当年的音乐人”

说回当年，这里的事，这里的人，每每想起都让我暖心。

那时做歌手，每天演出服比较固定，一套白西装从一个场子穿到下一个场子，也因为每天跑来跑去根本来不及换。后来约好固定的“摩的”在歌厅门口等我，一个场子结束他会迅速载着我赶往下一个场子。有一次突下大雨，我从一个场子出来发现找不到他了，只好扯着嗓子叫喊，结果他冒雨跑过来，拿了件雨衣直接就给我披上了。摩的小哥知道我不能打湿演出服，专门跑去找了雨衣给我穿上，而他自己却淋了个全身湿透透。要知道当时可是 12 月份。这事温暖了我很多年，到现在都无法忘记。

另外不能忘记的是海口那帮老朋友。五指山歌舞厅的老板高松（“达人秀”的高逸峰），在上海就一起演出的吴刚，能唱能跳的林海（那会儿他模仿最流行的草蜢和张国荣，特别厉害）；唱《打虎上山》的贾静源；主持人白马；每天小费巨多的陆林；太平洋乐队的李毅；打鼓的恒仔；一起唱二重唱的凌萍、还有黄晓霞，就是现在的黄绮珊……说到晓霞真的是印象深刻，她是一开口就让人震惊的歌手，开嗓惊四座，简直就是一个天生为歌而生的女人。很多时候她在北京或国外忙一阵子后都会偷偷跑回海南放松，和我们聚聚。海南这儿朋友多嘛，加上她的海南情结难解。后来她复出参加湖南卫视第一季《我是歌手》节目的时候，她的助理和后援团全是我们当时海南这帮兄弟姐妹。记得当时她跟我说让我每周去长沙《我是歌手》现场为她鼓劲，我答应说只要她没被淘汰，我就每周都飞去长沙支持她。本以为去几次就不用去了，没想到她一路直冲到了决赛。我那几个月无论多忙，都坚持每周飞去长沙陪她选歌、排练，鼓励她，为她站台。记忆太深了。

2012 年 6 月份的时候，我和冯磊等一帮老海南在海边“领市馆”搞了次一帮歌手的聚会，算是一次缅怀和纪念。活动没有任何功利性，没有门票、没有报酬。结果一传十十传白，本来一个小想法最后来了两三百号人。大家从各地赶回来，有乐队的，歌手最多，甚至连跳舞的都回来了。非常原生态的一次聚会。很多闯海人聚在一起畅聊，20 多年没见面，气氛热烈、场面感动。黄绮珊也来了，上去一首接一首地唱，依然那么棒。

我的第一桶金来自唱歌，音乐是可以让人灵魂出窍的东西，是我的毕生爱好和梦想。我自己也一直没有放弃唱歌，还打算出新碟。本来新专辑在老朋友李杰（编者注：中国著名作曲家）的录音棚里都已录好，有 4 首自己写词，都是关于海南岛的，结果被工作拖了太多精力，没空做出来。我现在想，建省 30 年，我们应该搞一场晚会，把曾经的歌手全请来。乐队还是原来的乐队，不管多大的明星、多小的乐师或者舞蹈演员甚至调音师傅全喊回来。没有任何压力和束缚，大家一起无拘无束地畅弹畅饮、高歌舞蹈，回忆共同度过的“芳华”岁月，给梦想一个比较美好的回应，给时代、给这 30 年画上一个美好句号。

我有一首新歌歌词是这样写的：“在这荒芜的记忆里面，有一片纯净的土地，从不需修饰的美丽，只想真心爱你。我用心拨动的旋律，也承受着海风的洗礼，快乐和忧愁任意由你，我没有一丝悔意。多想融入这透明的海里，多想带走这细细的沙粒，多想和你一起呼吸，也想自由自在地爱你。”

“我要真心地谢谢你，爱你。”

大约在冬季
曾经爱过
练坚

摄影：孙程伟

“大社会，小政府”的海南故事

廖逊 / 学者、海南省行政学院原院长

海口珍物

“2005 年海南省十大杰出人才”邮票

2005年5月，我和韩少功、迟福林、王光兴、陈峰等，当选为“海南省十大杰出人才”。不管他们怎么看，我很珍惜。因为那次评选是全省范围的民意公投，荣誉是海南老百姓给的。为了纪念这次的十大人才评选，中国邮政专门为此发行了一套纪念邮票，成为我一生的珍藏。

扫描二维码，
观看《岛屿人生 · 十问廖逊》

廖逊自述

我母亲是湖南人，父亲是广东人，但我出生、长大在北京。用我老伴的话说："1968 年北大荒，1988 年南大荒。"我与老伴在北大荒相识，这回成了海南人。1987 年来海口极其偶然，到现在自己好像什么都没变，连发型都没变过，只是从黑到白。如今回过头看，是小人物得到了做大事的平台。海南造就了我，海南是我的福地。

“做梦也想不到，我的理论要在一个省做实验”

上世纪 80 年代是个百花齐放的年代，许多年轻的社会科学工作者自成一说，各种门派不下百种，其中也有我那一论——“大社会，小政府”。后来被别人倒过来说“小政府，大社会”，大同小异，我也接受了。当时我在中国社会科学院数量经济与技术经济研究所经济系统分析研究室，用经济系统论研究经济体制，其中一个课题是研究政府和社会之间的关系。领到这个课题后，用了大约一年多，读了 500 多种书，在社会主义思想史上，搜寻各式各样的理想系统或现实系统，发现有人主张政府管很多，什么事都管，即“大政府”派；有人主张政府什么都不管，即“无政府”派；而马克思属于“小政府”派。他的理想是政府管事少，社会管事多，人民政府必须是廉价的服务型政府，专办个别人和个别企业都办不了的事。我得出的这套结论，只是完成了分内的工作。

“大社会，小政府”提出来后，所里和中国系统工程学会经济系统委员会，联合召开了一次学术研讨会。虽然到场名人不少，如钱学森、马宾等，但只是一次很普通的研讨会。与会多数人认为你能自圆其说，有继续深入研究的价值，当然离不了交流和传播。会后有两位前辈特别热心，一位是李慎之，另一位是于光远，既是著名学者，又都是中国社会科学院的副院长。李先生说：你父亲“言必称政治民主”，（编者注：廖逊父亲廖盖隆，时任中央党史研究室副主任兼中央文献研究室副主任）你呢？则是讲“经济自由”。他认为这篇东西有用，主动向新华社《经济参考报》推荐，并摘要刊登。于光远先生问我，马克思“小政府”思想出自何典？得知是我自己的概括，大为赞赏，说就是要这样勇于探索。然而二位前辈的热情推荐，最初似乎也没产生什么效果，我就去忙别的事了。

不料在 1987 年春节除夕，国家体改委副主任贺光辉同志来信，要我把这套观点浓缩成 2 000 字，“供领导参考”。我加了一天班，当晚把文章写好，贴上 4 分钱邮票投入邮箱。

当年 4 月，又有国家行政管理改革研究会秘书长来电话，要求我出席他们的研讨会，并宣讲论文《马克思恩格斯“小政府”思想与当代经济改革》梗概。我照办了，会上听取的评价，也是基本肯定。

当年 9 月，《人民日报》头版刊登消息，海南将建省、办经济特区，其政治体制改革方向，是“党政分开，政企分开；小政府，大社会”。我立即向贺光辉同志打电话核实，果然是他向中央领导同志汇报的。

做梦也想不到，我的理论要在一个省做实验，就向所长李京文教授（后来的四国院士）申请差旅费，要求到海南去看看。刚好，海南建省筹备组邀请中国社会科学院副院长刘国光，帮助制定海南经济发展战略。课题组已整装待发，课题组副组长正是数量经济与技术经济研究所所长李京文。京文同志说，我们这次搞的是经济发展战略，不包括你这个内容。但你要积极做准备。

“我不敢保证他最好，但也没人比他更好！”

后来听说，中国社科院专家组飞抵海口当晚，照梁湘同志的一贯作风，碰完杯就交待任务。他出了一系列题目：经济发展战略如何制定；基础设施怎么搞；资金如何引进；外贸内贸等等，最后是经济体制改革、政治体制改革。梁湘特别提出，政治体制部分不光要写研究报告，作者还要直接参加省级行政机构设计。刘国光当场谢绝，说我只分管经济片，带来的都是经济学者，没人懂这一行。副组长李京文就说省长你放心，这个事啊，有个人我不敢保证他最好，但也没人比他更好，“小政府大社会”是我们所的专利，作者是一个 37 岁的小青年，叫廖逊，才是助理研究员，这东西就是他搞出来的。

梁湘立马就拍板，要的就是这样的人，就是他了！梁湘在深圳就善于破格用人，海南既然办特区，就得让小人物干大事。李京文很高兴，连夜打电话给我们副所长，叫我尽快飞海南。全所紧急动员，走后门买机票。因为那时机票紧俏，颇费周折，最后还真买到了第一班机的机票，3 天后飞海口。

那 3 天我马不停蹄，先开介绍信，再从院图书馆和各所图书馆，搜来了 20 多个国家行政机构设置的小册子，昏天黑地地读，果然得到灵感，很快明确 3 点：一是既然要搞社会主义市场，就要借鉴西方发达国家机构设置特点，打破生产和流通领域的界限；二是作为经济特区，海南的行政机构要高效精干、力求简约，不能同国家部委一一对口（因为国家部委是计划经济的产物）；三是特区要以外资为主开发建设，中外企业必须一视同仁，外引内联管理一体化。再有，就是我的一贯观点，个人的事个人办，企业的事企业办，政府只办个别人和个别企业都办不了的事，充当引导、协调、监督全社会经济运行的中心和枢纽。

此外还有一项准备，就是老伴陪我上街，买了件西装上衣，又配上两条领带。

“小政府大社会”在海南的初步实践

到了海口才知道，省级机构设置方案已经 5 稿没通过。当第 6 稿又没通过时，许士杰梁湘二老，就要求负责方案的三位同志——胡良冠、陈文基和吴光华，向中国社会科学院专家组“搬救兵”。梁湘的秘书引他们来我住处，秘书叫张高波，23 岁，北大硕士研究生尚未毕业，也是课题组成员，与我同一架飞机来海口。我问首长到底有什么要求？他说，除了要符合市场经济特点之外，梁当年在深圳，痛感国家部委和省政府各部门碍事，你最好能把机构设计得“让上头找不到对口部门”。我说那好办，于是和他连夜加班，半夜交卷，次日中午报捷，方案通过。

我认为这次机构设置，最漂亮的事，是只搞两级政府，省政府直管 19 个市县，没有搞地区这一级，不仅为纳税人节省了巨大的行政成本，还缩短了决策距离。县长可以带着乡长，直接向省长汇报。

省级机构设置方面，我参考了各国政府行政结构的设置，提出了贸易、工业管理一体化，外引内联管理一体化，农、林、水管理一体化，文化、新闻、出版、体育管理一体化。在我的设计方案里，省级机构有 17 个厅，最后讨论后确定为 26 个厅级部门。要知道，当时其他省份的厅级单位大多为 40~60 个。这个方案由建省筹备组批准上报，最后中央批准下来海南新的省一级机构设了 26 个厅，大量减少了人员。其中，贸工厅、农业厅、文体厅、经济合作厅这 4 个“超级大厅”，格外引人注目。

接下来的问题是付诸实施。海南行政体制改革比其他省超前一大步，自然难免各种摩擦冲突。最典型的是几个“超级大厅”，例如贸工厅。贸易对着中央的国家外贸部和商业部，工业对着中央 9 个专业管理部委，1 对 11，所以在多方压力下最先解体，一分为二，变成“贸易厅”和“工业厅”。即使如此，运行仍然困难。每年 1 月，中央各部委照例召开全国厅局长会，布置全年工作，工业厅三位厅长一正两副，到了北京一人开三个会。到报到处签个名，留下一名处长，再到第二个报到处签个名，留下一个处长，然后回到招待所等电话。

难办的是上面来人视察。每年冬季是旅游旺季，也是视察旺季。9 个部委，9 位部长，几十名副部长，几百名司局长，只要下来几分之一，你就招架不住。工业厅领导的晚宴，要分好几桌吃，最后还吃不饱。要抓紧时间汇报工作，听取指示，然后匆匆忙忙赶场，难免要报怨该死的“小政府大社会”。梁湘同志来自深圳，那是个富地方。海南偏偏是个穷地方，处处都要寻求中央支持。

你没有机构，人家就有理由不给你，因为中国穷省穷自治区多的是。上面来的领导最爱说的一句话，就是“加强领导健全机构”，甚至直接鼓动处长变厅长，独立建厅，说我们大力支持。“你有机构我就有钱，优先向你倾斜！”，于是要求机构升格的报告，雪片似的飞来。

是两件事，保住了海南新体制的框架。一是小平同志南巡讲话，宣布中国要搞社会主义市场经济，中央部委机构即将压缩，于是部长司长们不再要求“加强领导健全机构”，而是反过来向我们要海南的机构序列，看看自己那个部门能否保住；二是1993年调来了个热衷于改革的省委书记兼省长。他主张“先立规矩后办事”，用今天的话来说，就是“全面依法治国”；主张“拿官员手里的权力开刀”，用今天的话来说，就是“全面改革”；主张“减少看门收票的，增加打扫卫生的”，用今天的话来说，就是“建设服务型政府”。一连5年，大刀阔斧的改革，稳住了阵脚。等到他光荣退休，中央国家机构改革1998年刚好开始，“部长一走廊，司长一礼堂，处长一广场，朱总理一句话，统统下岗！”中央大幅度压缩机构，海南压力顿时减轻。

可惜此后海南自己没再进行改革，因为改革者费力不讨好。“逆水行舟，不进则退”，即使大框架没有动，也步步后退，许多不显眼的变化一一发生。“农林水一体化”没了，“经济合作厅”没了，统一的“经济监督厅”没了，海南机构与兄弟省区市机构的最大差别，就剩下最后一个“超级大厅”——文体厅。

然而这次，2018年3月全国“两会”传来喜讯，中央国家机关进一步精减，与1988年的海南空前接近，与我那3天的“急就章”，八九不离十。实践证明，海南30年前办对了，不坚持改革是错误的。如今人们对海南最多的批评，是“社会不够大，政府不够小”，说明“小政府、大社会”的价值取向，已经深入人心。“小政府、大社会”的最高境界，是社会管政府，政府无条件地接受社会监督，为社会服务。我们整个国家，正在向那个方向前进。

中国最幸福的残疾人家庭

说说生活吧。我从海南省行政学院院长、省委党校副校长的岗位退下来，已经 8 年，但退而不休，日程反而更紧，因为工作很多。

家庭故事的转折点，发生在 1992 年。1 岁的儿子高烧不退，急诊室抢救不力，停止呼吸心跳 7 分钟，脑细胞大量坏死，从此轻度残疾。一个身高一米八、人见人爱的漂亮小伙子，却不能像正常人一样读写算，只好在社会上打零工。同样在 1992 年，老伴又查出遗传性脑萎缩，病程不可逆，发展成早老性痴呆，2002 年瘫痪在床、生活完全不能自理，至今已经 16 年。一家三口两人残疾，把我逼上了梁山。

我自幼体弱多病，多次病倒，长期脱产治疗。1993 年新来的省委书记兼省长下决心推行医疗体制改革，身为省政府智囊团团长，我断定“大锅饭”吃不成了，必须提前行动，改良体质，实行“生产自救”。从散步到慢跑、游泳，赶在 1995 年 7 月医疗改革之前，从根本上强壮了体格。自 1997 年起进健身房锻炼，在 2006 年第三届海南省健美大赛中，荣获元老组全省亚军。

因为妻子没收入没医保，我必须多打几份工养家糊口，于是到处开专栏，最多时每周 7 个专栏，包括报刊、广播、电视和网络。“国际旅游岛之声电台”（海南经济台）的“廖逊开讲”专栏，到去年已经开办了 25 周年。忙忙碌碌中，我变成了受欢迎的专栏评论人和讲演人。2000 年省政府发展研究中心撤销后，我又变成受欢迎的教师，活跃于全省各地。

不参加任何应酬，下班后直奔健身场馆。体育运动不仅能锻炼身体，还能保持心理健康。我从不把负面情绪带回家，家庭充满温暖，其乐融融。去年我的老伴喜庆 70 大寿。别的牛不敢吹，全国残疾人 8 000 多万，我家残疾人最幸福。我不仅当过海南省残联副主席，智力残疾人亲友会主席，还当过全国残联主席团委员，接触过全省和全国各地的残疾人亲友代表，被公认为精神状态最好。

至于海口，我早就跟这座城市融为一体了。我的退休金不少，但要养活4口人，单靠它只能是“月光”，必须要再挣一份才能“小康”，过上节俭而体面的生活。退休金以外的全部收入，都是海口老百姓给我的。他们喜欢听我讲故事，讲故事的方式通过多媒体，有写有说有表演，内容从海南开发建设，到古今中外。这座城市承载了我一生最美好的回忆。我为海口人讲故事，从一头黑头发，讲到一头灰发，将来还要讲到一头白发。

摄影：孙程伟
翻译：王凝

把海南岛的好告诉全世界

谢敏（Nicki Johnson） / 美国人，海南省旅游推广中心中美旅游市场推广专员，海南旅游官方英文网站编辑、翻译

海口珍物

三角梅

我的珍物是海口市花“三角梅”，它生长在这个城市的每一个角落，公园里、天桥上、沿着街道，或是从人家的阳台伸出。我非常喜欢三角梅鲜艳的颜色以及它们在阳光下闪耀的方式，有时候它们是紫色的、粉色的，有时候是红色的、白色的……每当我看到这些鲜艳、欢快的花朵，就会想起关于海口那些快乐的人们，以及大家对我的欢迎，我脸上就自然会带着灿烂的笑容，然后我会对附近的人微笑。你知道会发生什么吗？他们总是会对我回报以微笑！

扫描二维码，
观看《岛屿人生 · 十问谢敏》

谢敏（ ）自述

我 2005 年第一次来海南，那时是去三亚，在三亚呆了两年。

这之前，我来过两次中国。第一次是 1999 年，我还在上大学的时候，就到广州当过几个星期英语夏令营的英文老师；第二年也就是 2000 年我又回到中国，在厦门大学学习中文。那段时间我因为学习的机会在中国国内转了转，我去了上海、北京、西安等城市，然后就真的爱上了中国，很想留在这里。可是我那时还是学生，不得不回美国继续完成学业。毕业后没多久，我就带着新婚丈夫一起回到了中国。

“海口是我此生待过时间最长的城市”

2007 年，我和丈夫埃里克（Erik）从三亚来到海口。当时我们想找一个更稳定的工作。三亚和海口两座城市都非常漂亮，却有着不同的漂亮。三亚有美丽的海滩，更像是一个旅游城市。海口则是一个充满绿色的城市，是一个我愿意住下来生活的地方，感觉更像个家。

自从来到海口，除了度假和出差之外，我们几乎没有离开过，每次出去哪怕只有几天，我们总是会想念海口。你知道为什么吗？因为我从小到大总是跟随父母搬迁到不同的城市生活。我出生在冰岛，婴儿时期就搬迁到美国佐治亚，5 岁的时候搬到日本，8 岁的时候搬到佛罗里达，在那里直到我上中学，后来又搬到了芝加哥上大学……就这样我们一直都在搬家，这几乎成了我生活的一部分，同时也造就了我喜欢旅行的原因——体验不同的生活，新的食物，

摄影：孙程伟

这座城市让我实现了作家梦

清秋子 / 作家

海口珍物

斗笠

我的珍物是斗笠。因为在我十二三岁的少年时期就知道海南了，那个时候芭蕾舞剧《红色娘子军》红遍全国，讲的就是海南，里面就有句歌词“我编斗笠送红军……”我对斗笠就有了一个很浪漫的先入为主的印象。但那时候还没有见过实物，等到真正见到斗笠是在东北，那是我上山下乡当知青的时期。那时我们经常戴斗笠，它轻巧结实，防雨防晒。

1988 年秋季第一次踏上海南岛时，在海口的新港码头上，第一眼看见的令我很感意外的物件，就是斗笠。当时，几辆三轮“摩的”围上来拉客。开摩的的，都是 30 岁出头的女性，个个头戴斗笠。想不到在“大特区”的省会城市中，会有这么多戴斗笠的女性，当时感觉有点滑稽。后来，我们公司的女职员，也都在上班途中戴斗笠，骑自行车到了公司以后再换装。久而久之，也就看顺眼了，觉得很有一番别致的情调。至于斗笠是从何时从海口大街上消失的，不清楚了。总之，满街斗笠，曾是上世纪 90 年代初风华正茂的海口的一道城市风景。

扫描二维码，
观看《岛屿人生 · 十问清秋子》

清秋子自述

我出生于 1952 年，祖籍江苏宜兴，出生地是重庆。因为我母亲生于农历中秋节的次日，乳名叫作“清秋”，由此得出我的笔名——清秋子。我的这个笔名，原是开始写作时取的一个网名。

我并不是建省之初第一批“闯海人”，虽然说建省那年我来过海南。1988 年 9 月份我第一次来海南。当时我在深圳工作，因那时“海南大特区”的名气实在太大了，我怀着好奇心，借出差机会到海口来看一看。我黎明时分从海安港乘渡轮过海，当时，随着朝阳初升，看着全国人民热切向往的海南岛在海平面浮现出来，真是梦幻般的感觉。但是，上岸以后立刻看到了远远落后于时代的景象：乱糟糟的三轮摩的；摩的女司机头上戴的斗笠；主干道龙昆北路两侧的荒草；海秀路店铺门前成排的柴油发电机；闹市里满地的甘蔗渣；全市没有一盏交通红绿灯……完全打碎了我对于“全国最大特区”的种种想象。那次呆了 3 天，海口的落后面貌令我吃惊，我是带着深深的遗憾走的。

从“不寒而栗”到“无法割舍”

1988 年底，我因为深圳“居大不易”，不得已来到朋友在海口开的一家钢材贸易公司，做了几个月的员工。那个公司就在大英村的一栋民居里。记得大英村以东，就是荒野。那几个月的海口生活令人绝望。晚上举目看出去，只有金融大厦一栋高楼，全市只有大厦顶端一处“中国银行”的霓虹灯。其余景象，与夜晚中落寞的小镇并无区别。想到要把今后几年或十几年的岁月撂在这种地方，真是令人不寒而栗。因此过了不长时间，我还是又回到了深圳，回到了所谓现代化的前沿地区。

到了 1993 年，海南房地产大热，重新成为全国关注的焦点。那时我已经从深圳撤回北京，满怀对南方生活的怀念，已不能适应北方地区的气候和生活环境了。于是找了个机会，毅然从北京再次南下，来到与深圳气候、环境最接近的海口，在朋友所在的一家公司工作。这次才算是比较正式地在海南生活了一段时间。海南当时人气极旺，资金的聚集给人们带来底气，虽然城市环境还不完善，但在无序中充满了生机。“各路英雄”汇集掘金，也使得海口成为一个很有包容气度的城市。这一次，我在海口待了 3 年，真正认同了海口这个城市的生活方式、生活节奏、自然环境和人文风俗。虽然知道海口的现代化建设尚“路漫漫其修远兮”，但她已经是充满希望了。

后来，由于海口的房地产泡沫破灭，公司和个人生存都不易，我又数次离开海口，但发现自己对海口已无法割舍，便又几次返回。终于 2001 年在海口落下脚，成为海口市的市民，生活至今。

从无名之辈到历史小说家

我在海口，前后算起来生活了近 23 年时间，占迄今为止人生经历的三分之一。这个城市对我生活状态的影响，是决定性的。新世纪以后的短短数年间，从飘荡无着到稳定下来，是海口给予的；从一个连千字文都不写的人，到成为一位专业的独立作家，是海口给予的；从几乎没在报刊上发过什么文章，到出版了 20 余种文学、历史著作（含再版），这种青少年时代的作家梦，也是在海口实现的。因此，没有什么能把我和海口割裂开来。

现在回过头去想，也觉得不可思议：在电脑上开始写作时，我已经 51 岁了。而且这个“从无名之辈到著名作家”的时间极短，严格来说只有几个月。我想，这就是海口这个悠闲、自由、开放的城市给予我的恩惠吧。在内地大城市那种重压之下，我大概做不到这一点。

来海南之后，我有 4 年多时间，是在一家房地产公司工作，做整个公司的协调管理，就是总经理助理的工作。后来在海南广播电视台做过 5 年的文字编辑。这 5 年的经历，与我的创作大有关系。几乎是在我做编辑的当年，就开始了正式的文学创作。

做了编辑之后，任务是修改、润色记者写的新闻稿件，工作成绩获得了同事的一致好评。上班第一天，新闻主持人就说：“怪不得，今天发现稿子特别顺畅！”当了编辑不久，我发现自己在写作上还是有潜力的，于是试着上网写作。由于做电视新闻编辑，领导对文字的精准表述要求特别严格，这就使得我在创作的时候，特别注意文字叙述的生动活泼，这引起了很多网民的注意。在 4 个月后，我因一部长篇小说连载《我是北京地老鼠》引发了广大网民的强烈共鸣而一举成名。

我的作品中，有 2 部作品是海南题材的。1 部是长篇小说《六莲》，写的是上世纪 90 年代海南农村生活的一个侧面，我在海南公司就职时有这类生活经验。由于当时我对海南这个地方的认同，因此在写作《六莲》时，倾注了我很多心血和感情，还专门再次下乡去体验生活。另1部是《李纲传》，李纲是“五公祠”里的一位。关于他的传记，我是在2010年左右写的，当时我们国家尚未有一部关于李纲的传记。

后来我专注于历史文学的写作。我认为，一个作家，很难把控今天如此宏大、复杂的社会生活，很难有功力深刻反映出剧烈变化的社会面貌。但是，回望历史，我们的目光就可以从容、清晰、透彻得多。近10年来，我出版了《明朝出了个张居正》《魏忠贤》《武则天》等历史人物传记，目前在写多卷本的历史长篇小说《汉家天下》（共7部），讲述的是汉初百年间的故事。这座城市让我实现了作家梦，那么我对她应该有回报。这个回报就是我要在海口写完这本著作。这本书目前在我的创作中来说，也是属于最高层次的。

令人欣慰的是，孙皓晖先生也是在海口成为享誉全国的著名作家的；寒川子也是在定居海口之后，才出版了他的成名作《鬼谷子的局》。目前，我们海口可以称为“中国历史小说名家的大本营”了。这一点很令人自豪。

海口是一个“英雄不问出处”的地方

我于9年前，也就是56岁的时候，开始专门从事写作。来海口之前，我的生活是动荡不定的，还曾经做过3次“北漂”，内心很不踏实。在海口落户之后，一切都稳定了，感觉到日子的祥和。

海口是一个宽容的城市，作为移民城市，她总体上是非常友善的，最明显的特点是市民没有“方言优越感”。这一点，在北上广，都会偶尔给你带来不舒服，但在海口，这样的情况绝不会有。

海口还是一个“英雄不问出处”的地方，来自四面八方的人口，避免了文化上的同质化和保守性。因为是一个后起的新兴城市，所以人际关系较为松散，没有那种积淀了上百年的胶着感。你在一个领域无法突破，可以找到其他的领域突破。只要有才干，就没有一种力量可以把你湮没。这种特质，建省初期很明显，现在也还保留着，这是我最欣赏的一点。

“老爸茶”大概是海口一个独特的标志。20 世纪初“西风东渐”时期，清末社会对西方文明的吸纳能力其实是很强的，老爸茶、吃下午茶、喝咖啡吃点心，都是从南洋殖民地传入中国口岸城市的民俗，代表着一种悠闲的生活心态。在改革开放后经济建设“激流勇进”的几十年间，海口“老爸茶”的习俗没有被淘汰掉，应该是一种幸运。它代表了多元生活方式中的一元，有它继续存在的权利。当今，具有这种悠闲氛围的城市已经不多了，我所知道的，内地只有成都、宁波等少数城市尚保留着这种氛围。其余从一线到三线城市，都是一副急匆匆的生活样貌。千城一面，就不免单调。

现在的海口跟刚来时的海口比，最大的变化是城市硬件建设。刚来的时候，海口市的规模不比一个县城大多少，发展水平应该说低于内地城市平均水平。那时候想，海口要想建成深圳那个样子，那得猴年马月啊！然而，岁月也是匆匆，一晃 30 年过去，海口的城市面貌（尤其在近几年）有了极大的提升，终于摆脱了她原来的低水平和无序状态，变得生机勃勃、井井有条，基本设施与内地省会城市并无二致，很多地方还要更优越一些。现在，从深圳返回海口，再也没有以往那种巨大的落差感了，而且感觉海口更令人舒展一些。虽然海口的城市建设尚有不足之处，但现在的基础已经很好了，完善起来，指日可待。

每次离开海口，几乎都是一个星期之后就想重返海口了。只有回到海口，才有“到家了”的感觉。这种“故乡感”，缘于几十年在这里的生活经历。海口的很多地方，承载着我人生中激情、美好的岁月，因而我对它有感情。

海口今天的繁荣是开放的结果

一座城市的文化要向上走，就必须包容，必须开放。海口原本是广东省的一个偏远地区，海口市今天的繁荣程度，远超粤西地区，这就是开放的结果。无视这一点，就谈不到文化上实质的进步。就媒体、书店、阅读活动而言，海口目前的文化氛围，远好于10年前；但是与建省之初的那种兼容并蓄相比，也有明显退步的地方。这个问题，需要很多部门联手来解决，需要有一个正确的态度来纠正。

海南文化是岭南文化的一部分，是历代中华文化不断南下积淀起来的成果，这一点不容置疑。这个过程直到今天，仍处在“进行时”。不正视这一点的话，就会陷入迷惘。

海口市以及文昌等地的骑楼，都是20世纪初“西风东渐”时期遗留下来的建筑，遍布东南沿海，甚至深入到长江流域腹地。这些历史痕迹保留到今天，很珍贵，应予大力保护，开发成为旅游资源。但这种物质文明遗迹，并不能等同于地方文化的核心和实质。发展地方特色文化，搞概念化、标签化的东西是没有用的。我以为，发扬中华文化的优秀传统，提倡海南文化中“海纳百川”的好传统，才是海南文化建设的正确方向。越开放，就越发达；越封闭，就越落后。只有用古代海南岛善待苏东坡的包容精神，善待近30年来陆续加入海南建设的各路文化人才，海口才能真正成为一个具有浓厚文化气息的现代都市。

海口市的近邻广州市，就是一个融汇古今、包容八方的现代国际化都市，我们完全可以就近学习。在文化事业的各方面，广州都给我们提供了可资借鉴的榜样。走出去，多借鉴，是一条迅速提升海口市文化品位的捷径。

海口的历史文化积淀是丰富的，需要有人潜心来挖掘、整理、整合，使之变为有地方特色、有地方精神实质的文艺作品。这方面的力量我觉得还太分散，需要强有力的扶持和资源整合。

期待海南在文化上有更强大的自信

我觉得自由、适宜、安全，这三个词就能概括我心目中的海口。所谓“自由”就是她没有那么多的历史积淀下来的包袱，没有那么多看人看事的条条框框。她是鼓励人们自由发展，实现个人价值的这么一个地方。“适宜”是说这个城市的规模不大不小，人们对人对事的评价也不是那么严苛，对生活节奏的要求也不是那么紧张。就是说她生活节奏不那么快，经济压力不那么大，人们在每天会有一定的时间是可以无所事事的。一个人有价值的生活不是说 24 小时安排得满满的，而是有一定时间的放松、思考和休闲。海口就是一个特别适合休闲的地方。

至于海口精神，其实用一句“海纳百川”就可以概括，但是不能仅停留在口号上，甚至反其道而行之。有人在这片土地上创造了惊人的文化成绩，你承认他，并引以为自己这个地方的骄傲，这才是聪明的做法。海南的文化也好、文学也好，必须是一种“五湖四海”的风貌。

由于海南和海口在本世纪之初的一段发展迟滞，这里成为了“后发地区”。但是这个遗憾现在却成了一种可以弯道超车的后发优势，算是因祸得福吧。无论从环境保护上、科学规划上、精准发展定位上，目前我们的拓展空间都很大，海南和海口未来的发展前景都是广阔的。不远的未来，当年闯海留下来的一代人是可以亲眼见到的。

我期待今后海南在文化上有更强大的自信，有真正的包容。希望海口成为一个具有浓郁文化氛围的一个城市，让所有热爱文化的人到了海口，就像回到自己的故乡一样感受到亲切和友善。海南文化对整个中国文化的任何巨大贡献都应该得到承认，予以褒奖。封闭意识、保守意识是阻挡不住历史前进潮流的，过去如此，在互联网时代就更是如此。

摄影：孙程伟

把我的生命镶嵌进海南这片土地

王志刚 ／ 原海南港澳国际信托投资有限公司总经理

海口珍物

一张股票

对我来讲，港澳实业第一次上市的股票很有纪念意义。

还有像那时候港澳信托发的 3 000 万元的金融债券，我也保存着。每张 100 万元，印刷得很漂亮，还有李耀祺的签名。后来股票都电子化了，大家说这些实物不要了吧？但我当时觉得这是一个时代的见证啊，不能丢！就特意有心地保留下来，我让公司员工做了小镜框，把股票一张一张全都镶嵌在镜框里面保存起来。

扫描二维码，
观看《岛屿人生·十问王志刚》

王志刚自述

我认为人生最幸福的时光场景，就是在海南岛冬日阳光明媚的下午，坐在我家朝西南的房间里，前面摆着咖啡，手里捧着一本自己喜欢的书。看困了就把书放下，打个盹。

1992 年：从副行长到总经理

我来海南之前在中国人民银行总行工作。和其他很多闯海人不太一样的是，我到海南是被公派过来的。当时中央国家机关搞年轻干部到基层去锻炼、搞交流，安排我到了人民银行三亚分行挂职锻炼做副行长。记得那是 1991 年 3 月 25 号，到现在已经是 27 年了。

到三亚 14 个月以后，总行安排我回北京。当时正好海南港澳国际信托投资公司的朋友来找我，说他们前任总经理要离开。因为之前我所在的人民银行当时负责对非银行金融机构进行监管，所以跟他们公司的高管都打过交道。他说前任总经理要走，在他们心目中觉得我是一个比较合适的继任人。在这种情况下他来找我谈，说你到港澳信托来吧，我当时觉得挺好，没有想那么多就答应了。于是 1992 年 6 月份，我从三亚到了海口任职，直到 2000 年 2 月份港澳信托撤销，我一直都在港澳信托工作。

港澳信托是 1988 年成立的，成立的时候公司是国营企业的背景。最早的时候它叫海南国际金融公司，后来要求规范，就改成海南港澳国际信托投资有限公司。我 1992 年来的时候，这个公司已经运作将近 4 年了。当时全国已经有很多这种所谓的信托投资公司了，它们属于非银行金融机构。当时，按照传统，人民银行设立这类机构的初衷是让它们做代人理财业务。代人理财是什么概念呢？比如说个人的财富，在有剩余资金的情况下，这些人就有一种需求，希望把这些财产交给一个专业的公司去打理，实现财产保值、升值和进行利益分配的目的。这是任何一个经济社会发展到一定程度情况下产生的一种必然的社会需求。当然中国那时候的经济整体来讲还处在一个相对落后的时期，虽然有部分人先富起来，但是数量还是很少，而且主要分布在东南沿海的城市当中。

当时的规定是信托投资公司可以吸收 5 种资金来源。比如说地方财政一些剩余的资金和闲置资金，以及企业委托的资金，然后信托公司接受委托去投资。但是文件上规定的业务在当时很少，成立了这么多信托投资，如果严格按照规定其实做不了什么事儿。所以大家就在实践中演变，从企业那吸收存款，然后再找需要贷款的企业把它发放出去，实际上这个功能和银行是一样的。当时港澳信托基本上也是这样的模式：向企业吸收存款，或者向同业的金融机构拆借资金进来，然后用贷款和投资的方式把这个钱用出去。当然，港澳国际信托的贷款主要用在母公司相关联的企业和项目上去做投资，这块业务职能跟银行没有什么区别。除此之外，中国那时候股票市场、债券市场已经开始营业了，1988 年在深圳、上海相继设立了股票交易所。因为信托公司还可以设立证券营业部，所以说我们当时手里也有 3 家证券营业部做证券业务。

我就任总经理后，开始思考针对市场状况有没有更大胆的、创新的做法。1992 年下半年到 1993 年初这段时间，有两个事儿对整个非银行金融机构，包括我们港澳信托有比较大的影响。第一件大事就是大家都知道，邓小平南巡讲话。如果说 1988 年建省是海南第一波经济发展的浪潮的话。1992 年邓小平南巡讲话之后，海南经济出现了第二个高涨期。首先表现为成立了大大小小的公司，那时候每天都有公司在成立，每天大街小巷都有敲锣打鼓的开业庆典。那时候不是有句俗话吗，一颗椰子掉下来都能砸到几个总经理。意思是说大家都在办公司。办公司要运作就离不开金融的支持，那时候几乎全国的金融机构在海南都有自己的实体公司。这是大背景。另一件大事，我刚刚上任的时候就传来消息说，国家在金融方面要实行银根紧缩。银根紧缩就意味着在金融政策上会出台一些调整。因为之前对于信托公司基本上没有什么限制，当时很多资金从内地大量涌向了海南。为了阻止热钱流入海南，国家要搞银根紧缩。

所以在这两个背景之下，我们作为信托投资公司，我作为总经理，一上任就面临棘手的问题，很有可能很快就会从内地借不到钱了，那我必须做两手准备。单单想着从银行那儿拆借资金这条路就不好走了，所以当时我提出来多考虑从企业存款这个角度，找企业拆借资金。因为考虑到当时很多人来办公司，多少有一定的背景，也有一定的资本金，他们的钱也不能闲置着，也要生钱啊。我们能不能把这些企业的存款拉到我们这里来，顶替掉银行的那部分拆借资金，这是我做的第一件事儿。第二件事儿，是要从整个公司的资产和负债结构上去考虑怎么面临改变。因为拿了这些钱以后，如果直接做贷款和投资，那今后是否还想走这条路；如果继续走这条路，那就需要持续不断的有资金来源。所以要不要改变？我要赚钱但不是只用钱来赚钱，能不能用其他的方式？于是那时候我们就开始考虑用智力来赚钱。

1993 年是一个转折点

那时候我们公司有个传统，每个季度要开一次会议，总结上一季度的工作，并对下一个季度做新的安排。于是，在 1993 年一季度结束之后，5 月份我们在海南兴隆康乐园大酒店开了一次季度会议。那次季度会议集中讨论了港澳信托未来该怎么发展？我们原有的业务模式是否还能够持续下去？要不要开拓新的业务和发展模式？大家经过几天的头脑风暴，得出了一个基本结论，原来那条路是不可持续的。因为当时信托的公司有几种类型，有一种类型就是银行办的信托投资公司，他们的资金来源是没问题的。但我们属于社会性企业，并没有这样的背景。

我们要生存首先就要解决资金来源的问题。对我们来讲原来的模式不可持续，那我们应该做的就是大力发展中介业务。什么叫中介业务？比如说股票的代理买卖，会计师事务所这也属于中介业务。它属于轻资产，不需要投入大量资金，有一个办公室就可以了。它主要利用人们的专业知识，输出人的智力，以此来开展业务，然后赢得客户、获得收入。我们决定就发展这样的业务。

考虑到当时我们最重要的中介性质的业务就是证券业务，所以会议一结束我马上就向人民银行提出申请，要在全国新设立 10 个证券业务营业部。人民银行最后只批给我 5 家。1 年之内我们就把这些营业部全都建立起来了。三亚营业部是我们在三亚第一个建立的证券营业部。当时我们号称在中国最南面的城市设立了证券营业部，可以做证券交易和买卖股票了。1994 年到 1996 年，我们又陆陆续续通过收购、兼并等方式，增加了一些营业部，总数达到了 20 家。

那时候中国的证券行业才刚刚起步，整个的市场还不为人熟知，要推广这些理念，最好的教育方式就是让参与股市的人挣钱。你来开户了，做股票挣钱了，大家就有兴趣了。我说的这种教育只是说把他吸引到市场里边来了，更多的东西要靠他自己去学。那么我们怎么去找那些股民？怎么去对他们进行教育？我刚才讲了，赚钱是最好的教育。海南当时就是这种情况。当时海南很多企业都在搞股份制改造。当时海南有个海南改革发展研究院，这个机构相当于对企业改制进行指导、协调。一成立股份公司，老板首先高兴在哪儿？他可以定向募集资金了。比如说我设立一个股份公司，总资金 1 个亿，我自己出资 4 000 万元，然后向社会公众募集 6 000 万元，募集资金实际就是买内部股票，包括内部职工股啊。有些企业也发行法人股，特别是内部职工股这块在市场上炒得很厉害。海南最早上市的 5 家公司琼珠江、琼民源、港澳实业、琼港澳，还有琼化纤，这 5 家公司一上来以后，当时买了原始股的人，从中就能挣到很多钱。

那时候在营业大厅做股票交易，所有操作都是手工的，不像现在电子化自动操作。所以买卖股票都要到现场去，证券营业大厅经常人满为患。从我们券商的角度来讲，毫无疑问可以赚钱的嘛，一方面赚手续费，另一方面就是自营证券。1994 年的时候，我们公司和海南省国投共同给金盘股份做主承销商。那么你本身做主承销商，自己就要认购一部分他们的股票。记得我们当时认购了 300 多万股。就在这一年，股票市场出现了一波行情，从 8 月 1 号开始指数急剧上涨，我们当时手里有 300 多万股的筹码。行情好了以后，很多人就开始卖，我们就开始收，边收边卖，肯定是低买高卖，当时我们这种行为叫“做庄”。记得在我们手上是 6 块多，到最后金盘股价应该是 19 块几，那时候我们就把自己手里的货都出完了！这次行情持续了大概有一个月的时间，这一轮下来我们公司从金盘这只股票上赚了 1 个多亿。

这次成功让我们受了很大的鼓舞。总公司给我们的主操盘手蔡明奖励了一块 24K 纯金的金牌，也给团队其他人每个人都发了奖金。所以说我们就从这次行情当中体会到了把精力放在证券业务上的好处。总公司一看赚钱了，知道走这条路是对的，所以他们也支持我们。接下来我们无论是收购营业部，还是招聘相关的证券专业人才，采购机器设备，加强培训等等，都获得了很大的支持。

到了 1996 年的时候，我们非常明确地把公司主营的方向放在证券业务方面。到了 1997 年、1998 年的时候我们在全国已经有 20 家证券营业部了。那时候我们一年的证券收入已经将近 10 个亿了，光是我们的客户在我们这放的保证金常年都在 30 个亿左右，这规模在当时已经很大了。在 1997 年年末，全国的证券券商排名，我们公司在信托公司这类的券商当中的经纪业务排名第 10，推荐和主承销业务排名第 2。这对于一个地区性的券商来讲是很不错的排名，要知道当时全国有将近 700 家信托投资公司。

港澳证券，引领了当时海南的金融行业

回想起来，康乐园的会议被称为我们公司历史上的“遵义会议”。这次会议对于我们公司后来的发展是非常关键的。还有一点也非常重要，机会不等人。我在港澳信托做总经理这 8 年时间里，体会是非常深的。当然，我们也赶上了中国改革开放的好时期。这是中国经济发展最快的 20 年。金融行业永远瞬息万变，2000 年以后港澳信托就撤销了。港澳信托撤销，这是我们个人没办法左右的事情。这涉及到国家宏观的经济形势、相关的政策，还有体制问题。但我想如果后来能完全按照自己的意愿来做的话，那我有信心，港澳信托肯定能成为中国最好的证券公司之一。

我为什么有这样的底气这么说呢？港澳信托在 90 年代的非银行金融机构行业中名气很大，在业务上主要表现在两个大的方面：第一是回归。所谓回归，就是回归到本来。信托的本意是受人之托、代人理财，而当时的信托投资公司没人做这些事，要么就是吸收存款发放贷款，要么就是直接投资实业或者干脆搞房地产开发。第二是创新。而创新，正是港澳信托对海南非银行金融发展的贡献所在。比如我们 1993 年成立了港澳经纪公司，专门从事代理客户的外汇按金交易；港澳资讯产业公司，针对证券市场信息技术产品不充分的情况，开发出了应用技术软件“港澳资讯”，至今仍为证券市场客户广泛使用；港澳与中央美术学院合作建立的中美院艺术产业有限公司，也曾是中国艺术品拍卖市场上的开拓者。特别重要的是，我们推出并行之有效的“公司业务证券化、证券业务公司化”的业务模式，在当时全国信托公司中可以说是独树一帜，也是促使港澳信托成为 90 年代末全国十大券商最重要的因素。港澳信托当年能有那样的表现，原因固然是多方面的，但我认为，最重要的应该是港澳信托的企业文化。我们的员工把公司视为“精神家园”，我们的群策群力、民主决策、创业创新精神，都是来源于此。我们的决策一出台，工作任务一布置下去，大家都拼命往前冲，那就是“无风絮自飞”的境界。公司的杂志《八面来风》，在全国金融界都是有名的，这就是港澳信托企业文化强大的一个标志。

我们过去的员工现在已经散布在全国各地的证券市场、证券公司或私募股权基金当中，成为全国金融证券行业的一股力量。港澳证券当年培养了一大批这种专业人才，就像刚才我讲到的蔡明，他从港澳信托离开以后到了博时基金做总经理，现在他创办的一家私募基金公司在市场上依然名气很大。还有像我们杭州营业部的一个员工，后来做到湖南湘财证券的总裁。还有新时代信托总经理，都是我们港澳信托出去的员工。

2001 年以后我到珠海证券公司工作了 5 年。那时候我做金融证券做得有点伤心了，觉得这个行当有很多不确定的风险，再加上当时海南的金融已经是一片凋零了，基本上没什么事儿可做了。我又不想老在外地漂泊，和家人离得太远。于是 2006 年我彻底离开了金融行业，回到了海口。

绿色和阳光是海南岛最宝贵的东西

海南的生活很符合我的性格。这个城市的节奏没有那么快，也没有那么商业化。既有现代化的东西，同时又有很多原生态的东西。大家平时就坐在椅子上晒太阳，那种慵懒的状态也很有特点。我有很多海南当地的朋友，尽管他们的语言我不懂，但他们的性格似乎和我们老家东北人的性格有点相像，很淳朴，这是我非常喜欢的。我对海南的热爱，自然环境的因素占了很大的比重，但是更深的是精神层面的东西。

所以我认为海南将自然环境、商业氛围和人情味融合得刚刚好，正好我把自己的生活也镶嵌到这里边。整个海口我都很喜欢，最熟悉的是平时生活的滨海大道这一带。万绿园对我来讲是生命当中非常重要的地方。我跟我太太结婚的时候，有一个仪程就是去万绿园植树。我们在那种了一棵南洋杉，现在已经长得很粗了。它象征着我和海南共同成长的历史。

海南岛好比是一颗珍珠，绿色和阳光是海南岛最宝贵的东西。是好东西我们就要珍惜它、爱护它。现在中国经济已经发展到一定阶段了，海南岛的重要性就更突显出来了，起码这是我们 13 亿人的“后花园”。越来越多的人看到了她的美丽，越来越多的人也在珍惜和享受着这份美丽。如果把海南优美的环境保护好，海南的未来就不会有问题，而且一定会越来越好。

我现在的生活状态比较放松，会做一点与金融相关的小事，但不会太多。我会把更多的时间留给自己看点书，享受阳光、海滩和海南自由的生活。其实我真正的老家是长春，但现在海南在我心目中是比故乡分量更重的一个地方。在我一生当中，海南给予我的和我付出的都是最多的，毫无疑问她影响了我的一生。借用唐代诗人元稹的诗句，我把它改成“曾经南海难为海，除了海南不是家”。这就足以表达我对海南的感情。我跟儿子说，我死了以后，把我的骨灰埋在我们家院子里那棵树下边就行，我至死也不会离开海南了。

摄影：孙程伟

把海南岛做成音乐岛

邢增仪 / 作家、社会活动家、海南爱乐女子合唱团团长，“横渡琼州海峡大奖赛”创始人

海口珍物

一本诗集

我觉得自己最珍贵的东西就是当初许士杰送我的那两本诗集，那是因为一段传奇的友谊。

海南建省之初，泰国农业大公司“正大集团”应许书记之邀请来海南投资，准备在文昌铺前建养虾场。我们重庆建筑工程学院做前期规划、设计。因为要动用渔民上百亩海边土地，便有人打起了赔偿的主意。在勘测初期，就有每天多冒出来的坟墓、树木，恣意侵领赔偿款够让人生气了，更没想到当地不法歹徒竟然在施工队进场搭建工棚当晚砍杀、殴打施工人员，酿成流血事件。我忍无可忍，连夜义正词严给许书记写信，强烈要求惩处暴徒，还正大集团以公道。许书记很快批示，转发全省，拉开了大特区第一轮投资环境的大整顿。之后还召见了我，许我特权可以随时约见。之后我去过许书记办公室几次，以普通百姓眼光透视社会问题。许书记认真聆听，毫无芥蒂，像长辈、像朋友。

1992 年他抱病离开海南时，我去送行，他将手边最后两本诗集赠送给了我。后来在他的最后时刻，我特蒙批准去广州医院、去他家探望、送行。

扫描二维码，
观看《岛屿人生 · 十问邢增仪》

邢增仪自述

我是 1988 年来的海口，这之前是重庆建筑工程学院的老师。海南建省，我按捺不住，主动请缨来海南筹建一个建筑设计事务所，学院派我过来任办公室主任。后来海南省委统战部调任我组建海南省黄埔军校同学会并任副秘书长。

1992 年下海经商，拥有了自己的企业；并在海南省政协做委员、文史委副主任 10 年；现在是海南爱乐女子合唱团团长，也是一名作家。

我替父亲回海南

我当初来海南基于两个原因：一个是海南建省这事搅得全国风起云涌，所有人都被海南自由的天空、创新的机遇、改革的氛围吸引，很多人像当年奔赴解放区一样破釜沉舟，不顾一切往海南走。二是我对海南有一种特殊情结，我是“回”海南，这跟其他闯海人不一样。这个情结要从我父亲说起。

我父亲祖籍海南文昌重兴区大勇乡，很小的时候漂洋过海去了马来西亚。抗战爆发的时候，侨领陈嘉庚动员他们回国抗战，于是他就回国进了黄埔军校。父亲一直在抗战前线摸爬滚打，因为作战英勇被调去蒋介石的警卫营当营长，后来转去国民党 74 师任参谋主任，在孟良崮战役全军覆没成了俘虏。后来教育释放回到南京，随后带着我母亲在四川起义，并编入解放军 18 军。他相信共产党，至死都坚定相信共产党，从解放军退伍后转业到贵州松桃苗族自治县直到逝世。所以我其实是在贵州松桃——一个三省交界的小县城长大的。

因为父亲之前这段历史，每次运动来他都首当其冲被批判打倒，所以不可能再回到他的出生地海南。可他对海南有很深的眷念。我记得很清楚的一个情节是，那时全国都在放样板戏，我们那个小县城有一个月的时间天天放《红色娘子军》。我父亲从来不看任何电影，但他却天天去看《红色娘子军》。有一天我悄悄溜进去坐在父亲旁边，想看看到底怎么回事，发现每当银幕上出现椰子树、出现带着海南色彩画面的时候，他马上泪光闪烁。我才知道他对海南岛的情有多么深。这一幕我永远难忘。

十届三中全会以后我父亲平了反，成为那个地区的政协主席，没想到刚刚过了几年好日子就因为骨癌去世。临死时他知道海南要建省了，就对我说：“你回海南去！”他让我回海南帮他报效那片土地，因为他自己回不去了。

所以海南一建省我就毫不犹豫地来了。当然不是一个人，而是带着重庆建工学院一批人一起过来的。在我的小说《过海的女人》里有我自己的写照，

过海的女人们

讲一个女人乘上了从海安到海口的轮渡。当时是冬天，狂风怒号，风浪非常大，所有过海人都晕了，吐得昏天黑地，胆汁都吐出来了。有几个北京来的女孩子站在甲板上甚至说恨不得跳海淹死算了。只有一个女人站在甲板上，像驾驭着一匹骏马奔驰在草原上，风衣像飘荡的旗帜。她对着大海在心里呼唤："海南，我来了！爸爸，我带你回海南了！"

这个女人就是我。

所以我是带着一种情怀到海南岛来的，跟一般的闯海人不同，我是"回家"来了。这也是为何 2000 年前经济宏观调控时，许多大陆人撤出海南岛，我说了一句后来不胫而走的话：即使所有闯海人都走完了，只要还剩下一个，这个人肯定就是我。

为什么我会这么讲？因为我是大海的女儿，这是我对父亲的一个承诺，也是我到海南岛来的初衷。30 年来我一直坚持着这份初心从未改变。

“如果这个事情能够重振海南雄风，我来做”

我筹备“横渡琼州海峡”活动是在 1999 年，宏观调控过后的第三年。当时许多楼盘都成了烂尾楼，所有的资金人才都撤走了，那是海南最萧瑟的时候。当时我先生在海南省计划厅重点项目处当处长，有一天晚上回来跟我讲省政府开了一个扩大会议，大家觉得海南岛太沉寂，计划做一件事来重振海南的士气，有人提出做琼州海峡横渡。我问：“有人答应么？”

他说没有，都觉得风险太大。我想了想说：“我来做！”我先生说开什么玩笑，政府都不敢做，你能做？况且海峡宽 30 多公里，哪能轻易横渡？

当时大家对横渡琼州海峡讳莫如深的原因是：1988 年海南曾发生过一件事情。那时候全国热血青年都往海南跑，没有飞机，也没有火车，大家先到广州，坐客运汽车从广州辗转到海安，然后坐轮渡过来。有人趁这个机会在全国做了一个超级骗局，说海南要封岛，只要游泳渡过琼州海峡就能成为海岛居民。于是全国有很多人积极报名，骗子收每个人 200 块钱报名费，一下就收了一两百万元，然后携款跑了。导致上百人在广东海安聚集，大家把海南骂得一塌糊涂。因为很多报名参加活动的人是破釜沉舟而来，已没了退路。这时候有一个东北人站出来组织了二三十人的队伍横渡，因为太仓促，又缺少经费，结果有人在这次横渡时丧了命。

这事一出，海南遭到舆论的批判谴责，各种抨击铺天盖地，《南方周末》为此还发了一篇报道《血染海峡》。这就是为什么大家都如履薄冰，后来再不敢提横渡之类项目的原因。

旧事过去多年，如果新的横渡项目能够重振海南雄风的话，我愿意来做，而且说做就做。第二天就开始行动，先筹建了一家体育公司，叫做“海南热岛文化体育有限公司”，注册完就开始招兵买马。我给横渡项目提了几个口号，第一个是“横渡琼州海峡，重振海南雄风”；第二个是“横渡琼州海峡，挑战人类极限”；第三个是“横渡琼州海峡，呼唤英雄主义”。这个时代太缺乏英雄主义，所以需要呼唤英雄主义。当时这事一报道出去，从最东北的鸡西煤矿到南边的广州到海南，全国报名的达上百人。最小的 12 岁的李立达，最大的是年近六旬的海南孙检察官。报名完成后，我开始组织一帮人工作，查阅历史资料，确定哪一天风浪最小，海流是怎么回事，应从哪里出发，线路怎么定……请了很多海事专家论证，一切进入实施状态。而且为这个大赛我两次立下军令状，两次差点儿坐牢，把 100 多万元资金全部投进去，可以说是倾家荡产。

首届横渡是 1999 年开始筹备，真正横渡是 2000 年。我们选了一年里最合适的时间：6 月 10 日。因为通过查询大量资料发现，每年 6 月 10 日是海峡最风平浪静的时候。可到了 4、5 月政府还没有给我们下文，他们觉得风险太大了。中间有一个插曲：4 月中旬的时候，文体厅给我打了一个电话，正式通知我这个项目停止，不准再做了。

接到通知的那一瞬间我感觉自己像长了翅膀一样轻松得要飞起来。这个时候才感觉到自己压抑了半年，担子太沉重，已经压到了极限。为了这事我把所有爱好都放弃了，每天都在想大赛可能会出现哪些问题，怎么弥补和解决，甚至把海军都给动员了起来。所以接到停止通知后我从来没这么轻松过，倒在床上一瞬间就睡着了。但是睡到凌晨四五点钟就醒了，再也睡不着，总觉得有点不对。我想，这件事如果就这么放弃了，全国人民岂不是又要说海南岛拿“横渡琼州海峡”来骗我们？本来想借此事重振海南岛雄风，但最后的结果适得其反？

所以天还没亮我就去找公司同事，我跟他们说这事一定要做下去！我们承诺了高额奖金（没有收一分钱报名费），承诺说每个人都有一条船跟着，每艘船上有3个人负责安全保护，前面还有导航船，还配有救生船、宣传船……花多少钱我已经不在乎，豁出去了！但我不能让全国再骂海南人是骗子！我不能失信于天下！我甚至愿意给政府写保证书，出了问题我去坐牢；资金不够我来承担，卖房子和车子也要把这个事做完！

后来政府看我下了这么大决心，也意识到这个问题对海南很重要，就在5月中旬给我下文了。于是海南省第一届“横渡琼州海峡大奖赛”于2000年6月10日名正言顺地举行了。你不知道这第一届有多辉煌！而且是永远都不可能再现的那种辉煌！几万人在假日海滩迎接游泳健儿上岸。他们不相信有人能够游过来。三十多人下水，最终十几个人游了过来，大家都被他们深深地感动。有一个喜欢游泳但是非专业运动员的警官，横渡用了12个钟头，早上6点钟下水，下午快7点了才上岸，12个钟头泡在海里，后来看到岸的时候已呈昏迷状态。最好成绩是宫小宇，他是国家队出来的，退役以后在三亚红珊瑚基地当潜水员，用了6个多钟头游过来。他游过来的时候，上千民众都冲到海里去迎接他，连王副省长都差点被挤到海里去了！那场面真的是波澜壮阔！

总之第一届活动非常成功，当时的海口可以说是万人空巷。这一盛况只怕再也不能复制。

第二届是2001年，那时候是全国横渡琼州海峡；第三届是2002年全球大赛，从省级赛事升级为国际赛事。我还准备了一个盛大的晚会来庆祝，放在横渡的当天晚上，想通过体育活动把文化带起来。

再后来，有人把它延续下去，成立了一个俱乐部，现在横渡已被做成了常规赛事，像英吉利海峡横渡一样。他们的俱乐部挂了一张我的照片，称我为“横渡之母”。我认为这是一份很高的荣誉！

归根结底，人类的拼搏精神非常可贵，没有这种精神人类就不会前进。

我觉得现代的闯海人，古代的夸父追日、精卫填海都具有这种精神。这个事情做了以后，海南岛名声大振，全世界 200 多家媒体报道，达到了我最初的愿望。

用音乐支教

海南爱乐女子合唱团是我在 1996 年组建的。一开始，我们只是为了参加第四届中国合唱节而临时组了个合唱团，没想到第一次参加比赛就拿了银牌。1996 年 5 月，海南爱乐女子合唱团正式成立。作为海南的文化使者，我们先后在亚洲、欧洲、北美、中东的十几个国家和地区演出过，在国内国际不少合唱艺术比赛中拿到大奖，算是为海南赢得了荣誉、树立了形象。目前“爱乐”拥有 7 个成人团和 16 个城乡童声合唱团，团员共逾千名。另外还有培训过的学员逾千人。2016 年又组建了文化传媒公司，下有艺术团和培训中心。现在，爱乐乐团已经是海南响当当的一个音乐品牌、艺术名片和“女性家园”。

2013 年左右，海南第一投资集团董事长蒋会成看到我们的努力和发展，就说你们做了这么多，我支持你们一下吧。于是我们就和第一投资集团的“海南成美慈善基金会”开始合作乡村音乐支教，项目名称“童声飞扬”。我们从每所合作学校的二三年级孩子里挑选 100 个孩子出来，组成合唱团培训，并在每年举办乡村童声合唱音乐会。2016 年起和海南省乡村教育促进会合作，开展“爱乐乡村百灵合唱团”项目，将乡村公益课堂推广到临高、万宁、陵水、儋州等市县。我们不光教孩子们合唱，还教他们遵守纪律、互相关爱、互相欣赏。音乐带给他们快乐和自信，现在这些孩子已经通过这个平台开始登上国际合唱比赛舞台。这一切为农村孩子播下音乐的种子，插上梦想的翅膀，让他们人生变得不一样。事实上不少孩子已被重点学校作为音乐特长生录取，他们自己的命运直接发生了改变。现在，“童声飞扬”项目已在海南的农村小学先后建立了 19 个乡村童声合唱团，举办了四届“乡村童声合唱音乐会”，还为农村小学培养了一大批音乐教师。2017 年 5 月，14 个乡村童声合唱团近千名孩子举办了中国规模最大的乡村童声合唱音乐会，开创了中国的先例。

从某种程度上来说，农村的孩子实际上是被边缘化了一群人。父母去城里打工，爷爷奶奶衰老，好多学校的老师都走光了，很多孩子连起码的家庭温暖都没有，成了留守儿童。我们希望能给他们送去音乐、送去爱，送去生活的勇气和自信，送去明天的希望和梦想。做这件事情既是责任，也是人类的仁爱和人性，我们义不容辞。用音乐支教，用音乐扶贫，这是 22 年来爱乐做得最有意义的，功在当代、利在千秋的事情。

我从 1988 年上岛到现在，当年的很多激情和梦想到今天基本上都实现了，但还有很多梦想。比如我想在海南做一个音乐基地，因为我觉得海南这个地方很适合音乐发展，北方气候干燥还有雾霾等污染，海南蓝天白云、椰林飘香，绝对应该是音乐的天堂。所以我想在海南做一个音乐基地，正在向政府申请做一个维也纳音乐小镇，争取把海南岛做成一个音乐岛。

海南不是文化沙漠

我觉得我生命中最重要的事情，是当一个作家。因为作家是孤独的产物，是灵魂自由的产物。我喜欢独自来往，最幸福的时候就是拿起一本书的时候，最安静的时候就是拿起笔的时候。我每天都在写日记，到现在三四十年的日记堆起来比我还高。它是社会发展最真实的记录，也是我最宝贵的资产。

海南被有些人说成是文化的沙漠。前几天还有人这么跟我说。我当然不会认同。多年来海南已有了很大发展，政府文化扶持基金有很多专项，扶持力度很大。各个地方都在发掘自己的文化，比如苗、黎族文化、贬官文化、三月三文化、女性文化、闯海人文化等。也在不断往前发展。大家已意识到这一点，只是做得还不够好、不够精。说到底海南是很有文化底蕴的，只是它的人文和历史厚度需要很深很准确的定位，以及很高远的策划和设计，目前还是缺少这样的人才。美国那段西部淘金浪潮后，就有很多文艺作品在反映那段历史；但海南岛那么多年下南洋、闯海的历史，却没有出现一部有力度的影视作品。现在的建省 30 周年、反映海南改革开放的影视作品基本是空缺的，生动准确的、深刻的人性化作品更加稀缺。主要还是缺少一种审视力度和高度，无法让这种东西立起来。

我们必须拥有自己的海岛情怀，或者称之为岛屿人的那种东西。海南从不固步自封，反而海纳百川。当年无数人上岛，吃穿住行各种资源样样拥占，海南一点没有排外，全部友好接纳。你们发展发财，海南人民没任何怨怒，照样过自己的生活，没有小肚鸡肠和互相算计。其他地方常见的那种分厘必争、盛气凌人，这里都没有。海南人民平和无争、左右皆可、宽容大度，总之在这里人会活得很轻松。

我为自己是海南人而骄傲、自豪！

摄影：孙程伟

海口是我高尔夫球梦开始的地方

袁赫汐 / 中国最年轻的高尔夫女子职业球员，2017 年度全国业余高尔夫球巡回赛年度总冠军

海口珍物

一号木

我最珍贵的东西是我的一支高尔夫球杆 —— 一号木。它是我的发球杆。这支杆本身品质非常珍贵，很难找到，非常好用。它是我和爸爸花了挺多心思才找到的。这支杆陪我创下了我曾经的最好成绩——以领先第二名 15 杆的成绩赢得了一场比赛，获得冠军。

扫描二维码，
观看《岛屿人生 · 十问袁赫汐》

袁赫汐自述

我2002年出生，今年刚满16岁。2009年，那年我7岁，因为爸爸工作的原因，我们全家搬来海口，住在西海岸。2018年2月，我荣幸地成为了中国最年轻的高尔夫女子职业球员，并获得了中国女子职业巡回赛（CLPGA）全卡资格。我现在是海南省高尔夫球队的一名队员。

天分，往往是在努力过后才说的话

在正式学习高尔夫之前，我在海口中学读书。2016 年初我离开了学校，专业从事高尔夫球训练，那一年我还没到 14 岁。

当时辍学是我和父母商量后作出的决定。我觉得如果要一边打球一边学习，同时把两件事情做好，对我来说实在是太难了，所以决定暂停在学校的学习，把心思花在打球上。不过，我并没有停止文化知识的学习，现在每天会花 2 个小时左右的时间用于学习，内容包括：语文、英语、历史。我想大学以后是一定要上的，但现在的我其实并不需要通过高考了，我现在已经通过自己在高尔夫运动上取得的好成绩，获得了免试进入国内外大学的资格。包括美国知名的杜克大学也已经找过我，而我目前只需要专心把球打好，同时让自己的英语过关就没问题了。

我对高尔夫球并不陌生，大约三四岁的时候就开始看父亲打球了。我爸爸其实一直是有心思让我练球的，但他又不会像其他家长那样，不管孩子是否愿意，就直接逼孩子去做他们希望的事情。那怎么办呢？我记得爸爸非常有意思，他在我 10 岁的时候就买了一套女孩子用的球杆，装在一只非常漂亮的粉色球包里，就是小女孩特别喜欢的那种颜色，放在家里。我每天都能看到，也非常喜欢，就想着要像爸爸一样带着漂亮球包和球杆去打球。但每次我一说要打，他就说你别打，你打不了。话虽这样说，但他每年都会带我去看他打一两场球。通过这样的方式，用了很长的时间，爸爸慢慢培养我对高尔夫的兴趣，可以说是一直憋着我，吊着我的胃口。直到我快 14 岁那年，我发现打球真的蛮好玩的。那时候他问我：你要不要正式学？我想了想说我要。这才开始正式去练球。

我小时候学过很多东西。比如我会弹钢琴，也学过书法、国画、跳舞，光舞蹈就学过街舞、民族舞。可是所有这些，都是刚开始看着觉得好玩，就去学一下。爸爸妈妈也比较支持我，基本上只要我表示想学，就可以去学。就这样，在 13 岁之前，我学过很多东西。可是，这些东西对我来说，总是学了一段时间后就觉得没什么意思了，兴趣很难持久。可能恰恰是因为高尔夫起初没让我学，在那么长的时间里，只能看着，反倒憋出了兴趣，后来越打越觉得有意思，越打越觉得好玩。

13 岁辍学的时候，我已经学了近半年球，但球打得并不好，毕竟那时刚开始学不久，也没有全身心投入，所以没有表现出有什么特长。但做出辍学决定的时刻，我自己下了决心、定了个目标：要做一名世界顶尖的职业高尔夫球选手，将高尔夫作为自己未来的事业。既然要学，就好好学。那个目标与我当时的水平看上去很遥远，可是目标已定，我对自己很有信心。我相信只要我好好学，就可以打好。天分，往往是在努力过后才说的话。

并没有觉得选择这条路很辛苦

正式训练开始后，我每天的训练时间是 10~12 个小时，1 个小时文化学习时间就随机，有时候在球场上学，有时候在家里学。基本上除了打球、吃饭、睡觉、洗澡，没有其他安排了。当然，我也会有休息日，但具体的安排要看训练情况。如果比赛比较密集的话，我一般是不会休息的。如果正好有一段时间训练比较多、但没有什么比赛的话，我就会在这期间休息一天。对我来说，基本上没有什么固定的休息时间。

打一场球，如果是完整打下 18 个洞的话，一般是 4~5 个小时。若是比赛，就要看赛制，有时候 1 天 2 场，甚至加多几个洞都有可能。恶劣的天气我们经常遇到，多是高温与雷雨。高温下打球，对于高尔夫运动来说属于正常现象，夏季球场上的温度超过 40℃并不鲜见，而且比赛中如果球员身体出了状况的话，比赛是不会暂停的，只能选择退赛。当然遇到雷雨时会暂停，直到雷电结束。但大雨一般不会停赛，除非球场遭到大雨的破坏，整个场地，包括果岭积水，或者沙坑因为雨太大崩掉，那么组委会可能安排暂时停赛。等球场恢复了，还是会继续打下去。

像上次沃尔沃比洞赛时的雨不算什么，球员衣服打湿了，这太正常不过。有时雨大的话，球员会穿个雨衣，但雨衣其实是挡不住的，毕竟高尔夫要完成挥杆动作，几次下来，整个人都泡在雨水里了。草地通常会积水，身上肯定是湿透的，脚更是直接泡在灌满水的鞋子里，重都不算什么，几个小时泡下来，就有可能会破皮。所以我爸爸一般都会为我背一双备用的鞋，但其实也只能干爽那么一小会儿。要是在海南打比赛还好一点，海南岛一年四季气候宜人，在别的城市就很难说了。2016 年 10 月底在上海比赛，整场都下着雨，比赛结束后冻得我都不会说话了，爸爸说我整个脸都是乌青的。

要说苦，其实认真做什么事情都一样，都很苦。我从辍学打球到现在也有近 3 年的时间了，并没有觉得选择这条路很苦，也从来没有后悔过。

当然，迷惘倒是有过。我迷惘是因为，高尔夫这个运动的特点是今天技术上升了，明天不一定能保持，说不定明天会跌下去。它就是一个典型的螺旋式上升、波浪式前进的运动。可能有时候打比赛会遇到一些困难，或者本次发挥不太好，会很迷惘，会觉得我明明挺努力的，为什么没有达到我自己想要的结果。这种时候想不通，也没有什么特别的方法，就只能顶过去，顶过去就好了。

我的目标——大满贯（LPGA）及奥运会冠军

现在我的主要训练场地是在海口和美国，半年在海口，半年在美国。我以前没有手机，最近因为训练的原因，要跟美国那边的教练联系，才有了手机。即便这样，我一天用手机的时间也就半个小时左右。其实看到同龄的孩子玩电子产品，我也没有什么羡慕的，因为我在做我自己喜欢的事情，时间都不够用，有时候反倒觉得他们在浪费时间。

对我人生影响最大的人自然是我爸爸，他是个高尔夫球的超级爱好者，球打得很好，是他把我引导到高尔夫这条路上来。我觉得他的选择很正确。作为父亲兼助理教练，他一直在帮助我学习高尔夫，并付出了很多。可以说他放弃了自己的工作、事业和娱乐，全职陪伴我。我的每一站比赛爸爸都陪着我，每天训练也都是他带着我。因为爸爸自己也打球，所以教练教的东西，他能够完全理解，然后监督我。这一点很难得，所以训练效率会特别高，如果是不会打球的家长，可能就不会理解和陪练了。

在我眼里，爸爸是一个很好的人，我很难用语言来形容和描述。生活上他很顾家，有责任感；训练时他又很严厉，很严格，但也不会太过分。我自己非常认可父亲对我的教育方式。我觉得每个青少年在这个阶段都应该给自己定一个目标，而不是一味盲从。尤其要有一项自己的才能和爱好，即便最后不走职业这条路，起码在自己开心或难受的时候，可以调剂和放松一下，增加一点生活的乐趣。

开始专职训练后，我的成绩突飞猛进，进步非常快。我记得第一次参加比赛虽然拿到冠军，但当时和我竞争的人只有两个，都还不怎么会打，我算是能把球飞起来的那个，所以，怎么打都是我赢。我第一次的成绩是 95 杆、93 杆，是海南青少年学习赛的比赛，拿了一站冠军。那是 2014 年底，训练了近半年后拿到的成绩。当时特别开心，还挺得意地跟爸爸说：“爸爸，你看我拿到一个冠军。” 随后，我看到 A 组有一个小球员，年纪也就比我大一点，成绩是红字，就是负杆。第一轮打了个 69，基本上是把我的成绩倒过来的。他也就比我大一点点，为什么可以打这么好？看到他的成绩，当时对我来说是一个震动，同时也算是一个激励吧。

第二次打比赛是在1个月之后。那次打3轮，成绩是88杆、89杆、90杆，进步了大概五六杆。当时大家都说我进步得还挺快。第三次比赛，打了2轮，成绩是81杆、80杆。掉了7杆，大家有点吃惊，因为时间只过了1个月。都问你怎么突然就打80小杆了？包括赛事组委会的老师也过来问我，“你是怎么做到的呀？”我说，“没有怎么做呀，就是练球呀。”

又过了1个月，2轮比赛，成绩是74杆、74杆，基本上差不多又掉了10杆。这在正式的高尔夫比赛中都算是一个比较好的成绩了。我当时球龄也才不到1年。那次的对手也是我在海南的一个队友，我和她争了一下冠军，虽然没争到，但也是给了她一些压力。那一站我印象深刻，也是第一次全部进7，并且打进了75杆以内。

然后就出省打比赛了。打得比较好的大概是2个月后，第一次打出负杆，是在参加2016年的张连伟杯国际青少年高尔夫球邀请赛。这个赛事是由国家体育总局主办的传统国际赛事，也是青少年球员参赛阵容最大的赛事，每届都有很多国家的球员来参赛。最后一天，我打了一轮68杆，因为是负杆，标出来的是红字。这之前我从没有过，所以就特别兴奋。那一次从第二组追到了冠军组，拿了第二名，挺开心的。

张连伟杯赛事之后，爸爸为我找了一位世界上很有名的教练，叫Andrew Park，还去珠海金湾打了一站比赛。那一站爸爸当时有事没有陪我，我自己去参赛的，并且还拿了冠军，同时获得了2017年在美国举办的世界青少年冠军赛（USKG）决赛的资格，也是挺开心的，觉得自己打得不错。那次，我拿了15–18岁组的一个金牌和一个铜牌。拿到那个金牌的同时也获得了全场最低杆奖，并创造了中国女子青少年参加这个传统赛事的最好名次。

从美国回来后就一直在训练。在2017年的10月底，参加了海南公开赛暨国际业余锦标赛，我打出了从学球以来的最好成绩，3轮负11杆。这其实也是我第一次3轮成绩总和讲负杆，而且直接到了负11杆，并以领先第二名15杆的优势获得冠军。我自己也挺惊讶的，觉得自己进步挺大的。那次的比赛有很多国家高尔夫业余队的球员来参赛，能打败他们，真是天道酬勤。然后就到2017年11月结束的沃尔沃中国青少年高尔夫比洞赛。这次本来是冲着冠军去的，一路过关斩将，从16进8、8进4、4进决赛都很顺利，决赛中我以3洞领先的优势保持到大半场，剩下5个洞，居然将这场比赛输掉了，真是不可思议，最后得了亚军。爸爸说胜败乃兵家常事，我们还任重道远，一切才刚刚开始……

比赛有赢有输，每次输了的话，肯定会失落，甚至会痛哭流涕。爸爸总是告诉我别在人前哭，要哭躲到卫生间去哭完了再出来。毕竟运动员都是想拿冠军的，怎么说呢，失败了再努力呗。其实我觉得，赢得一场比赛最重要的是心态。打高尔夫球心态非常重要。我下一个目标是：在未来的1年内，拿到一站职业赛的冠军。因为我已经通过了职业球员考核，拿到了女子中巡CLPGA的全卡，正式成为了一名职业球员，同时也是目前中国最年轻的职业球员。记得在CLPGA职业球员培训时，培训官让我们在场的30位球员都做一个自我介绍，当我说出我还未满16岁、学球不到3年的时候，在场很多人都很惊讶，因为她们都是有七八年以上球龄的球员。我忽然意识到，付出和收获是成正比的。我已经正在按照高尔夫职业球员的规划在前行，尽管为此我也舍弃了一些在常人看来非常宝贵的经历，比如放弃参加亚运会的资格选拔赛。其实大家都认为，以我目前的竞技状态入围国家队参加亚运会是没有太大障碍的。我曾经也动心过，爸爸总是跟我笑说：我们应该把目标定得更高一些，我们的目标就是要出战2024年巴黎奥运会。就像我的一位肖爷爷说的那样“你要为国争光，你爸爸是在为国家做贡献”。

这座城市是我梦开始的地方

在海口，我最喜欢的地方是西海岸高尔夫球会，这是我每天练球的地方。因为打球与比赛，我去过很多城市，海口与这些城市相比最特别的地方是气候。我喜欢这里的气候，因为一年四季都可以练球。海口的生活比较休闲、舒服，节奏也慢。2009 年到现在，我看到这个城市变得越来越漂亮，越来越繁华。

我的梦想很明确，就是要成为世界顶尖的高尔夫职业球手。不少人都好奇，这么艰苦的训练是怎么坚持下来的。其实原因很简单：因为想要做，所以会坚持。因为有梦想，所以会坚持！

我是 2009 年来的海口，这座城市是我高尔夫球梦开始的地方，相信这座城市未来也会见证我梦想的实现。我喜欢海口，非常爱她，希望将来我能成为一名优秀的球员，一个从海口走出来的球员。

袁仲俊（袁赫汐父亲）口述

我们不走寻常路

我是 1970 年生人，最喜欢海口的西海岸，我们就住在球会旁边。我爱好的运动是高尔夫，从 1993 年开始打，打了二十多年了。比赛时打过 69 杆。现在的主要工作是陪女儿，做女儿的助理教练。

女儿 13 岁辍学专职打高尔夫球，可以说是不走寻常路。很多人都很好奇，也有许多担心。对于这个问题，我是这样看的：人们已经在惯性思维的轨道上刹不住车了，比如：上小学、上中学、上高中、上大学、找工作、上班、最后不退休决不罢休。这就是人们可怜的惯性思维！人们是如此的迷惑颠倒，所以我不愿让我的孩子继续下去。他们需要有自己精彩的人生。

女儿辍学的时候球打得并不好，但我相信，她一定能干好。我常跟她讨论关于天赋，我认为天赋是思想层面的一种意识的东西，它是看不见摸不着的，我理解的天赋就是“老天爷赋予你的一项使命”。我老跟我女儿说，推杆，看起来最简单的东西，却是最难的。像 Tiger Woods 这些著名的一线顶尖球员，他们在练习和比赛的过程中展现了极高的天赋，但怎样能达到这个境地，其实就是一个精神层面的东西。一些挺难进的球，他们在推杆的时候会想“这个球我一定会进，因为上帝会让我推进去”，因为他们成功了就能做更多的公益，帮助和影响更多人。相反，另一类球员，他可能在想：这一杆推不进去，我冠军没了，还会少拿几十万美元的奖金。有了这些杂念之后，结果就不一定会如愿了。所以我觉得天赋予你什么样的思想，你就能做出什么样的成绩。我是这样看待所谓的高尔夫天赋：战胜自己，先树立一个必胜的信心，做到了，天赋自然就有了。

我是 2 年前开始带她训练。整个高尔夫的训练都是特别枯燥的，你们可以看看她的手，全是茧，比老农民手上的茧还厚呢。一个动作，不断重复，一天、两天、长此以往，这叫一个成年人来做都很难，更不要说一个孩子了。这个时候就需要去鼓励她，树立信念，树立目标，长远的目标，近期的目标，哪怕当天的目标是什么都要很具体，一个一个按照主教练的计划执行下来。

说是助理教练，其实角色远不止这一个。特别是在美国，我是又做爹又做娘。还有一些一生中没有做过的事情，和做过很少的事情，我都要为她去做去操持。我们一年大概有半年待在美国吧，往后几年也是这样。在国内都有司机、助理，都挺方便的。但在国外，做饭、开车，都得自己干这些事，光做饭就得一天做两顿。另外陪训练、训练计划的整理、训练后的一些放松按摩……天天如此。青少年比赛是不能用球童的，所以，打业余比赛、包括参加一些职业比赛，我还做球童。真到了比赛的时候，除了后勤保障，在情绪与心态上，我能做的也只是安慰她、鞭策她，尽管作用不是很大。通过这些一次次实战，应该这样说：一个好的球员，必须是不停地通过比赛的磨炼，让他 / 她自身能感受到切肤之痛之后，他 / 她才知道才会开始去总结一些东西。

在高尔夫圈内，大家都知道我对赫汐严格，在业内算得上是著名的“虎父”了。我是这么看的，作为父亲和助理教练，是两个角色，要将两个角色分开来看。对一般的青少年学生，和对她这种要走职业球员的青少年，应该是两种不同的要求。平时对一般的青少年，话说重一点，可能父母都不舍得，大家也都按部就班地读书、工作。但是她不一样，她今年 16 岁，刚转了职业，她必须按照节点，将所有训练任务完成。其实这个事情我们俩商量过好几次了，就是拿起球杆的时候，我不是你爸爸，我就是你的助理教练。如果我是你爸爸的话，你可能还跟我撒娇啊什么的，这活没法干呀！可是在场下我给她做球童的时候，我自然就失去了“助理教练”和“爸爸”的身份，我就是她的球童，所有的战略战术的决定由她自己独立做出，唯有这样的配合才是完美的，也是科学的。

说有什么不舍得呀，那肯定是有啊。每当晚上见她酣睡的时候，嘴角边流淌着口水，我都会在她床边坐一会儿，毕竟我就这么一个女儿嘛，的确有很多的不忍，但是第二天训练或比赛的时候就又得将父亲的情怀收敛起来。在陪伴她的这个过程，我认为父女俩的情感在不断优化升级。尽管她刚满 16 岁，不知为什么我总是有点担心她出嫁的这一天，可能天下的爸爸都是一样的吧？当然，我们也有冲突的时候，但是我们俩冲突完，转脸就没事了，当天的问题绝不过夜。培养孩子是需要一些投入的，包括时间、精力、感情，也包括一定的物质基础。我很庆幸，在我人生四十多岁的时候，找到了和我孩子共同爱好的东西，而且我一直要陪伴她走下去。这的确是一件很幸福的事。按我们想法和方式活着，挺好的。

我祖籍山东，在江苏生长，22 岁的时候到了海口。我经常开玩笑说，你可以说我的家乡不好，但是你千万别说海口不好，说海口不好我就跟你急了。我跟这个地方真的是有太多的情感连接了。这个城市和这里的人培养了我，现在又在培养着我的下一代。这个地方对我来说充满了不可割舍的情感，所以我跟我的孩子也说：咱们的根就在海口，不能离开她。

海口作为国际旅游岛的龙头城市，将海口打造成高尔夫国际旅游目的地和国内的高尔夫之都，这个定位是很准确的。在这里四季能挥杆、又能带动旅游，如果政府再做一些公共球场，让当地的人都来享受国际旅游岛发展的成果，提高本地居民的幸福指数，我觉得这将非常好。高尔夫在欧美是平民化运动，相比之下在中国显然还有很大差距。如果我们政府能够在这方面转变一下思路，还会培养出更多的优秀球员，让他们为国争光。毕竟高尔夫已经成为了奥林匹克的比赛项目。同时我想说的是，关于下一代的教育，也并不一定要墨守成规。对于孩子们的培养应该是多元化的，要因材施教，这样也许能够培养出更多伟大的儿女。在我的有生之年，希望自己和孩子能为高尔夫事业多做一些事情！

Callaway

我所珍爱的海南

田一坡

我珍爱的海南
是椰树遮阴的海南
穿过浓稠绿茵，不担心雨水、阳光
和椰子砸头的海南

我珍爱的海南
是海风爽到心窝，坐在
骑楼老街，拍照、啜椰汁
漫卷诗书喜欲狂的海南

我珍爱的海南
是壁虎咕咕叫
台风吹翻雨伞
绿和蓝相互晕染的海南

我把海南珍藏在衣兜里
像带着母亲、女儿和一片绿色的肺

主编手记

读懂这30人，也就读懂海南这30年

王凝

在海南建省30周年即将到来的2017年11月，我回到阔别十多年的海口，历时两个多月，穿梭大江南北采访了40位海口30年变化的亲历者。其中30人的采访编入《岛屿人生——海口30年，30人》一书中。受访者中有企业家、作家、学者，也有媒体人、歌手和再造故乡的游子。这30人有一个共同点——他们是海口发展的见证者、亲历者和参与者，他们生命中最宝贵的一段青春年华融入这座城市生长的脉络，成为这座城市不可分割的一部分。

这本书的初衷是希望通过对他们的深度采访，让读者循着他们的故事，穿越回1988年前后的海南。通过他们这30年里或是惊心动魄、或是细水长流的生活片段和精神世界的回忆，全景展现海口30年的民间生活史，回望海南建省30年的风起云涌和潮起潮落。

闯海，闯的是一片无前车可鉴、无后路可退的海

这 30 年来，无论他们是印刻者、守望者、还是逐梦者，无疑，他们都是某种意义上的成功者。

提到成功，我曾看过美国一位叫作理查 · 圣约翰（Richard St. John）的演员兼演讲家的 TED 演讲。他在十年间采访了 500 位成功人士，总结出成功者的 8 个核心要素，它们是：激情（Passion）、努力（Work Hard）、专注（Focus）、逼迫（Push）、点子（Idea）、精进（Improve）、奉献（Serve）、坚持（Persist）。按照他的分析，无论你从事什么行业，只要拥有这 8 个要素，加上你的专业技能，就一定能在你所从事的领域获得极大的成功。根据演讲的内容，这 8 种特质的另一种解释是——情怀、用功、聚焦、死磕、创意、专业、利他、毅力。

回头看看，我在两个多月的时间里采访了这本书中的 30 人，其实也是在另一个维度里做了一件和理查 · 圣约翰有些类似的事情。我发现：无论是那些曾经在这座城市奋斗过、然后离开并留下深深印记的“印刻者”，还是任由光阴迭变仍深情守护故乡的“守望者”，抑或是变他乡为故里、不离不弃与海南共成长的“逐梦者”们，他们无一例外地拥有以上 8 大共性中的大多数，而最重要的——激情，或者说是情怀，是我想在这里着重说的。

情怀是“一种高尚的心境、情趣和胸怀。以人的情感为基础与所发生的情绪相对应”（据百度百科）。是什么让他们尽观花开花落、出走半生归来仍是少年？是什么让他们尽听潮起潮落、义无反顾仍用余生相守？当我结束了这 30 场每人至少 1 个多小时、最长近 4 小时的一对一访谈以后，我意识到：这 30 年，这 30 人，当你把所有的奇迹和不可思议归结为“情怀”二字时，一切就有了最合理的解释。

书中以“万通六君子”为代表的“印刻者”们，是当年建省初期第一批

闯海人的代表。建省初期他们带着满腔热血和满心梦想闯荡海南，就算 30 年后的今天，他们依然不约而同提起当年来海南的唯一原因：不考虑个人发家致富，满心的抱负就是实业报国。他们每个人都自带一种诗人身上特有的浪漫主义情怀。他们的情怀表现在从来不以逐利为最终目标，更不会轻易背弃自己的初心。而往往到了最后，没有功利目的的情怀之作，最能带来成功的惊喜。

“守望者”中的几位海南本地人，宽厚、善良，在自己这块土地上稳扎稳打，对外来文化兼收并蓄。他们的情怀表现在为守护乡土而根植故里，或是为守望乡愁而返乡创业，在宽容、理解和善待外来文化的同时，又对自身文化充满了自信。

书中的“逐梦者”们，都已经实实在在地成为了海南的新移民。他们有建省初期的闯海人，也有后来的新移民，还有热爱海南岛的外国友人。无论当初抱着什么初心来到这里，他们内心无一例外充满了对未知未来的想象和追求。

海南，不应是一个仅以财富论英雄的地方。他们闯海，闯的是一片无前车可鉴、无后路可退的海。事实上，“闯海”这个概念所涵盖的精神内涵已经远远超越了闯“海南”这座岛。而这些以梦为马的逐梦者们，一个个都是勇敢而坚定的诗人，一生都在追求梦想中的远方，他们的事业是他们在这片热土上写下的最美诗作。

寻访 30 年 30 人的故事，就像是一段挖矿寻宝的过程

我很有幸也很感恩，这 40 位受访者能在百忙中抽出时间接受我的访谈。从收到我的邀约信、沟通采访提纲，到约见、录音、拍摄，再到成文、核对细节、

提供旧照、准备珍物……寻访 30 年 30 人故事的过程就像是一段挖矿寻宝的过程，我会为他们某一件珍贵的旧物而感慨万分，也会为他们某一瞬闪烁的泪光而感动不已。

虽然说这次采访邀约难度大、时间紧，惊动了不少老友，但也足以说明情谊清澈依旧，并未相忘于江湖，最重要的，是我自己内心对做这本书是充满激情和期待的。1988–2001 年间，我把自己最好的岁月留给了这方热土，就如同在邀请韩少功老师为本书作序时我在约稿函中所说：“1988 年，您已然是名笔大家，而我则只是刚出校园的无名小文艺青年。但有一点是相同的，那就是我们在海南、在海口这座城市挥霍了我们人生中最宝贵的一段岁月，我们见证了这里 10 万人才的大潮涌动、体会了这里自然淳朴的民风、看过了这座城市的种种惊心动魄、也感受了这里的种种意外和奇迹，我们经历了曾经的各种繁华、也陪伴过它的无奈落寞……这里丰厚的绿色、肆虐的台风、传奇的遭遇，都被一一写进了我们的生命，在一生中留下了无法抹去的印记，我们把人生中最好的年华留在了这里。这些，我相信我们是有着同样感受的。”我相信所有的闯海人也都感同身受。

我一直自信自己是做这本书最合适的人选。和 30 人中的大多数一样，我是 1988 年来到海南的第一批闯海人。在海南的那些年，我做 DJ、做歌手、做节目制片人、各种歌会、晚会、环岛演出，加上当时伊凝（我的曾用名）的“音乐流行风”在岛上的风靡，我也因此赚了些名声，混了个眼熟，直到 2001 年离开。我经历了海南的大起大落，我和闯海人之间有天生的熟稔和亲和，我们在谈到那时特有的场景，常常心领神会、会心一笑；我们提到当年共同的经历和感受，心中酸甜犹在、苦乐自知。

之前就曾有要把自己在海南的经历写成文字的冲动，但从来没想过这个愿望会是通过集结别人的生活和故事成册这种方式来实现。而这里面的人和故事，已经足以代表我所要表达的关于海南的种种情感。想必这正是人们常说的“念念不忘，必有回响”吧。是情怀使然也好，是缘分促成也罢，总之我庆幸自己在这个时间节点上做了这件事，算是给自己上岛30年留下了一份人生印记。如果这本书能为读者真实再现这30次坦诚相见，也就足可以再次验证前面提到的“情怀”理论了。

海南，真的不只有颜值

这些年，我们通过不同渠道和载体看到各种对海南的解读——文学的、音乐的、图片的、视频的，提到海南，大部分都还只是停留在颜值的层面，椰树、椰影、大海、鲜花、瓜果……如同远距离观望一位高颜值少女，只能远观其华美项背而难于近嗅其幽幽暗香。

这次采访的受访者中，大部分都是闯海人，对这块土地有着说不出的迷恋。特别是建省初期的那一批，就如蒋子丹所说，都有“吃了熊心豹子胆的担当，可圈可点的浪漫情怀，以及可歌可泣的人生理想”。就算是后来离开，对这片土地的情感也可谓是五味杂陈。复杂的原因有很多，有时候甚至会失望、会忧伤，因为你会为一个你视为故土的地方的不足而神伤，然后你会为她着急、为她捏把汗、希望为她出些力。但是无论如何还是处处维护她、眷顾她。

今年3月，受海口市委宣传部的委托，我邀请潘石屹为海口站台、录制CCTV的一档宣传城市的节目《视界看中国》，百忙中的潘总马上爽快答应并如约飞到海口，花整整2天时间录制节目。或许这块土地正如黄绮珊所说“是一个割不断、理还乱的地方”，又如王功权所说“从未有一座城市能如此紧密地跟自己的生命连接在一起”，这代表了很多闯海人内心深深的乡愁。

而那些来了就再也没有离开的“定海神针”们，用生命和行动践行了他们对海口这座城市的热爱。我请他们描绘一下海口印象，他们会说“朴实、闲适”

（蒋会成）、“天然、质朴和温暖”（April）、“活力、包容”（洪钢炉）、“休闲、舒适”（袁赫汐）、“英雄不问出处”（清秋子）、“梦开始的地方”（李康）……其中最普遍的共识是城市的宽容、自由、公平，和当地民风的淳朴和善良，这些，让离开的人留恋、让留下的人自豪。

在编辑这本书的过程中，赶巧遇到海口这座城市经历 2018 年初的“雾锁椰城”事件。当 67 年不遇的浓雾锁住琼州海峡、锁住了数以万计归心似箭的游人和旅居客，却没有锁住海口人一如既往友善宽厚的心。市民们自发送水送饭、送医送药，从滨海大道到整条西海岸，空气中流动着满满的感动和温暖，这是一个城市聚势赋能的结果。这里已经聚集了那么多宽容善待、仁心仁爱的能量，任何一个有可能的机会就会让这能量漫溢开来。我想说，在这一个个微笑、一个个善举的背后，海南真的不仅仅只有颜值而已！

我和我的同事们做这本书就是想通过 30 年这 30 人的故事，让读这些故事的人也能读懂这座城市，希望我做到了。

感谢这 40 位受访者，在百忙之中抽出时间接受我的采访；感谢这本书，让我有机会和 30 位风云人物一起回想当年的点点滴滴。因为相同的时间和空间里我们不同的经历和命运，使我在海南建省 30 年后的今天，有机会随着他们的故事再次“闯海”——闯了一次心的海洋。回头再看这本书，内心涌动的是激情过后的沉淀和对这片热土未来的期待。读懂这 30 人，或许也就读懂了海南这 30 年。我想，这也是我在完成这本书后最大的收获。

2018 年 3 月于海口

我走过草地的时间

庞培

我走过草地的时间
正由另一个恋人
亲手递交给她

岛的另一端
环岛高铁还没坐过
但此刻。此刻我正在林间空地
悠闲地进入
三角梅公园

灵魂无忧无虑
突然像孩子样地笑了
不远处是一望无际的南中国海

那里迅捷的阳光
飞快地穿过了我的一生

NINGDOM
凝动文化

主　　编：王凝
监　　制：许崧　翟国泓
出版统筹：豆豆　陈鹏
特约编辑：袁小洁　忙人老王
特约审读：陈锐
装帧设计：黄丹（重庆回想科技）
封面摄影：黄一鸣

视频策划：豆豆
视频摄制：孙程伟　孟祥光　王青云　陈鹏

出品单位：中共海口市委宣传部
协助单位：海口日报社 三沙卫视 华人频道
栏目合作：“岛屿诗”栏目内容由《诗刊》杂志、中国诗歌网提供

特别感谢：
陈垦 王功权 孙苏 王琳 李学会 李少君 封仪 赵红 吴世平 刘菲 余棋 侯建斌 袁仲俊 冯国栋
马良 杜侠 周伟思 东方骏 刀郎 朱继梅 冯磊 史三八 符应 王景春 黄一鸣 方树清 孙绍先 陈瑾
孟希 李成 何单 邢月（排名不分先后）

* 本书各栏目受访人物排名以姓氏拼音字母为序